电子商务创新创业

主编　屈莉莉

大连海事大学出版社

ⓒ 屈莉莉　　2021

图书在版编目(CIP)数据

电子商务创新创业/屈莉莉主编. — 大连：大连
海事大学出版社，2021.8
ISBN 978-7-5632-4177-4

Ⅰ. ①电…　Ⅱ. ①屈…　Ⅲ. ①电子商务—创业—高等
学校—教材　Ⅳ. ①F713.36

中国版本图书馆 CIP 数据核字(2021)第 144342 号

大连海事大学出版社出版

地址：大连市凌海路1号　邮编：116026　电话：0411-84728394　传真：0411-84727996
http://press.dlmu.edu.cn　E-mail：dmupress@dlmu.edu.cn

大连金华光彩色印刷有限公司印装　　　　大连海事大学出版社发行

2021 年 8 月第 1 版　　　　　　　　　　　2021 年 8 月第 1 次印刷
幅面尺寸：184 mm×260 mm　　　　　　　　　　　　　　　印张：7.5
字数：181 千　　　　　　　　　　　　　　　　印数：1~500 册
出版人：刘明凯

责任编辑：孙笑鸣　　　　　　　　　　　　　　责任校对：史云霞
封面设计：张爱妮　　　　　　　　　　　　　　版式设计：张爱妮

ISBN 978-7-5632-4177-4　　定价：19.00 元

内容提要

随着互联网和电子商务技术的快速发展,电子商务产业已经成为我国大学生创新创业涉及最多的领域之一。通过开设电子商务创新创业相关课程,将创新创业教育融入我国高校人才培养之中,切实培养学生的创新精神、创业意识,提高其创业能力。

本书对电子商务创新创业的相关知识进行了系统梳理,详细介绍了电子商务创新创业的基础知识、项目规划、商业模式、经营管理与案例。本书既可以作为本科生、硕士研究生相关课程的教材,也可以作为相关人员参加各类电子商务创新创业竞赛的参考资料,可以为互联网和电子商务等相关领域的创新创业研究提供参考借鉴。

前　言

电子商务创新创业已经成为推动我国经济增长的新动能,培养大学生的创新创业精神、提升创新创业能力是现代高等教育的重要职责和必然趋势。大学生掌握更多的电子商务创新创业知识与技能,有助于增加就业机会,助推当代大学生自我价值的实现。同时,通过将"电子商务创新创业"与"课程思政教学方法"进行有效融合,积极影响与正向引导大学生的未来发展。

全书共分六章,包括:电子商务创新创业基础,电子商务创新创业项目规划,创业项目计划书与路演,电子商务的商业模式,电子商务创新创业经营管理,电子商务创新创业案例分析等。作者制作了教学大纲、教学日历、教学课件等完备的配套资源,提供课程案例与延伸阅读资料。

本书的主要特点包括:(1)开设创新创业课程亟须的专业教材。各大高校相继成立创新创业学院,开设创新创业课程,本书将为培养大学生电子商务与互联网创新创业能力提供助力。(2)内容全面完整,按照授课学时和教学进度科学安排各章节内容,配套丰富的教学资源,适合高等院校的课堂教学。(3)注重基础知识讲授与案例实践教学相结合。本书涵盖了电子商务创新创业理论、代表性实践应用案例、创新创业竞赛获奖作品等内容。(4)将创新创业教育和思政教育有机融合。知识点与教学案例的设计均侧重"课程思政"的教学导向,将思政教育贯穿于电子商务创新创业教育的全过程,着重培养学生的爱国情怀、敬业精神、创业意识、诚信品质,切实增强当代大学生的社会责任感,培育大学生的社会主义核心价值观。

全书由屈莉莉主编,张金松参编,大连海事大学信息管理与信息系统专业李婷同学参与了校对及配套资源制作。若本书中内容存在不妥之处,或有文献图表引用不当之处,还请各位专家学者和广大读者不吝赐教。作者联系方式:qulili@ dlmu. edu. cn。

屈莉莉
2021 年 4 月 30 日

目　录

1　电子商务创新创业基础

中国的电子商务产业已经进入可持续性发展的稳定期。发展电子商务产业被提升到国家战略层面。

1.1　电子商务概述

课件

1.1.1　电子商务概念

电子商务起始于 20 世纪 80 年代,是一个不断发展的概念。电子商务有狭义和广义之分。从狭义上讲,电子商务(Electronic Commerce,EC)是指通过使用互联网等电子工具(这些工具包括电报、电话、广播、电视、传真、计算机、计算机网络、移动通信等)在全球范围内进行的商务贸易活动,是以计算机网络为基础所进行的各种商务活动,是商品和服务的提供者、广告商、消费者、中介商等有关各方行为的总和。从广义上讲,电子商务一词源自 Electronic Business,就是一种通过电子手段进行的商业事务活动。通过使用互联网等电子工具,公司内部、供应商、客户和合作伙伴之间,利用电子业务共享信息,实现企业间业务流程的电子化,配合企业内部的电子化生产管理系统,提高企业的生产、库存、流通和资金等各个环节的效率。无论是狭义的还是广义的电子商务概念,电子商务都涵盖了两个方面:一是电子商务离不开互联网这个平台,没有了网络,就称不上电子商务;二是电子商务通过互联网完成的是一种商务活动。

1.1.2　电子商务的分类

互联网时代
的电子商务

1. 电子商务的分类

电子商务主要有以下分类方式:①按照商业活动的运行方式分为完全电子商务和非完全电子商务。②按照商务活动的内容分为间接电子商务(有形货物的电子订货和付款,仍然需要利用传统渠道如邮政服务和商业快递送货)和直接电子商务(无形货物和服务,如某些计算机软件、娱乐产品的联机订购、付款和交付,或者是全球规模的信息服务)。③按照开展电子交易的范围分为区域化电子商务、远程国内电子商务、全球电子商务。④按照使用网络的类型分为基于专门增值网络的电子商务、基于互联网的电子商务、基于内联网(Intranet)的电子商务。⑤按照交易对象分为 B2X 模式、C2X 模式和其他电子商务经营模式。

2. 主要的电子商务模式

(1) B2X 模式

①B2B(Business to Business)。商家(泛指企业)对商家的电子商务,即企业与企业之间通过互联网进行产品、服务及信息的交换。在 B2B 模式中,进行电子商务交易的供需双方都是商家(或企业、公司),使用 Internet 技术或各种商务网络平台完成商务交易的过程。这些过程包括:发布供求信息,订货及确认订货,支付过程,以及票据的签发、传送和接收,确定配送方案并监控配送过程等。企业与企业之间的网上营销、生产组织管理、技术合作与开发、办公自动化、企业与银行之间的网络支付等都属于这种模式。

②B2C(Business to Customer)。商家对消费者的电子商务模式是指企业通过互联网为消费者提供一个新型的购物环境——网上商店,消费者通过互联网在网上购物、支付,企业通过配售系统将商品送到顾客手中。这种电子商务以消费者通过网络向商家购买货品或服务为特征。京东商城、天猫、苏宁易购等均属于 B2C 模式。

③B2G(Business to Government)。商家对政府的电子商务模式是指企业和政府机关通过电子商务网站来交换数据并且完成商业活动。B2G 模式的特点是速度快和信息量大。活动在网上完成,使得企业可以实时了解政府的动向,还能减少中间环节的时间延误和费用,提高政府办公的公开性与透明度。

(2) C2X 模式

①C2C(Customer to Customer)。消费者对消费者型电子商务模式是一种消费者之间的网络交易活动,即消费者之间相互提供商品和服务的交易,可能没有商家的参与,如网上二手物品交易。淘宝网目前占我国 C2C 市场的份额最大。

②C2B(Customer to Business)。消费者对企业电子商务模式的核心是通过聚合分散分布但数量庞大的用户形成一个强大的采购集团,以此来改变 B2C 模式中用户一对一出价的弱势地位,使之享受到以大批发商的价格买单件商品的利益,通过批量购买获得较低的价格。

③C2G(Customer to Government)。消费者对政府的电子商务模式是指将政府对个人的商务及服务活动电子化。政府通过互联网和其他电子装置,以崭新的方式为公民提供公共服务。

(3) 其他电子商务经营模式

随着电子商务盈利模式的细分,还有以下主要衍生模式:ABC 模式(Agents to Business to Customer),B2M 模式(Business to Manager),M2C 模式(Manager to Customer),O2O 模式(Online to Offline),B2B2C 模式(Business to Business to Customer),BOB 模式(Business Operator Business)等。本书主要介绍 O2O 和 B2B2C 两种模式。

①O2O 模式。O2O 模式将线下商务的机会与互联网结合在一起,让互联网成为线下交易的前台。这样线下服务就可以在线上揽客,消费者可以在线上筛选服务,成交后在线结算,可以很快达到规模效应。在 O2O 模式中,消费者的消费流程可以分解为五个阶段。a. 第一阶段:引流。线上平台作为线下消费决策的入口,可以汇聚大量有消费需求的消费者,或者引发消费者的线下消费需求。常见的 O2O 平台引流入口包括:消费点评类网站,如大众点评;电子地图,如百度地图、高德地图;社交类网站或应用,如微信、小红书。b. 第二阶段:转化。线上平台向消费者提供商铺的详细信息、优惠(如团购、优惠券)、便利服务,方便消费者搜索、对比商铺,并最终帮助消费者选择线下商户,完成消费决策。c. 第三阶段:消费。消费者利用线上

获得的信息到线下商户接受服务、完成消费。d. 第四阶段:反馈。消费者将自己的消费体验反馈到线上平台,有助于其他消费者做出消费决策。线上平台通过梳理和分析消费者的反馈,形成更加完整的本地商铺信息库,可以吸引更多的消费者使用在线平台。e. 第五阶段:存留。线上平台为消费者和本地商户建立沟通渠道,可以帮助本地商户维护消费者关系,使消费者重复消费,成为商家的回头客,提高复购率。

②B2B2C。第一个 B 指的是商品或服务的供应商(提供合格产品到电商平台),第二个 B 指的是从事电子商务的企业(按照消费者需求向生产商定制产品并进行监督、检验;同时向消费者提供高品质产品),C 是消费者。B2B2C 把"供应商→生产商→经销商→消费者"各个产业链紧密连接在一起。整个供应链是一个从创造增值到价值变现的过程,把从生产、分销到终端零售的资源进行全面整合,不仅大大增强了商家的服务能力,更有利于客户获得附加价值的机会。

1.1.3　电子商务的发展现状及趋势

1. 电子商务的发展现状

美国是全球电商产业的发源地,是电商的定义者和电商产业的推动者。中国电子商务在产业规模、商业模式以及整体服务水平等方面,已经得到了世界的普遍认可,成为全球电商产业的标杆。从区域上看,欧洲是全球最大的跨境电子商务市场,北美的跨境电商市场处在高速发展阶段,中国是全球最大的互联网用户市场。2020 年全球跨境电商交易规模近万亿美元。中国稳居全球规模最大、最具活力的电子商务市场地位,2020 年全国电商交易额 37.21 万亿元,比上年增长 4.5%,B2C 销售额和网购消费者人数均排名全球第一。

2021 年中国电商网站排名

电子商务在企业中的应用成效以及对经济、社会发展的推动作用日益明显。电子商务在企业内部各环节的使用降低了企业的运行成本,提高了生产效率,增强了企业竞争力,并且改变了市场交易的运行方式和资源配置范围,催化了经济活动方式的转变和商业模式的创新,提高了经济中的互动性,改变了社会分工的角色定位和时间的相对重要性,并在拉动物流、加工、支付等相关产业发展的同时,助力传统产业的优化升级和转型,从而提高市场配置资源的效率,改进经济运行的机能,促进国民经济发展方式的转变。电子商务在引领数字经济、促进全面开放、推动深化改革、助力乡村振兴、带动创业创新等方面都发挥了重要作用,成为数字经济中发展最活跃、最集中的部分。电子商务已经成为国民经济和社会发展的新动力,是推动"互联网+"发展的重要力量,是新经济的主要组成部分。

2. 电子商务的发展趋势

国内电子商务呈现以下六个方面的趋势。①纵深化趋势:电子商务的基础设施将日臻完善,支撑环境逐步趋向规范,企业发展电子商务的深度进一步拓展,个人参与电子商务的深度将得到进一步拓展。②个性化趋势:互联网的出现、发展和普及本身就是对传统经济社会中个人的一种解放,个性化信息需求和个性化商品需求将成为发展方向,消费者将把个人的偏好参与到商品的设计和制造过程中去。③专业化趋势:一是面向个人消费者的专业化趋势。我国网民仍将以中高收入水平的人群为主,他们购买力强,受教育程度较高,消费个性化要求比较强烈。所以,提供一条龙服务的垂直型网站及某一类产品和服务的专业网站发展潜力更大。二是面向企业客户的专业化趋势。B2B 电子商务模式以大型行业为依托的专业电子商务平台前景看好。④国际化趋势:我国电子商务企业将随着国际电子商务环境的规范和完善逐步走向世界。对企业来说,跨境电子商务构建的开放、多维、立体的多边经贸合作模式,极大地拓宽了进入国际市场的路径,促进了多边资源的优化配置与企业间的互利共赢。对于消费者来说,跨境电子商务使他们更容易地获取其他国家的信息并买到物美价廉的商品。电子商务对我国中小企业开拓国际市场是非常有利的。同时,国外电子商务企业也将努力开拓中国市场。⑤区域化趋势:我国地区经济发展的不平衡和城乡二元结构所反映出来的经济发展的阶梯性、收入结构的层次性十分明显。在今后相当长的时间内,网民仍将以大城市、中等城市和沿海经济发达地区的居民为主,B2C 的电子商务模式区域性特征非常明显。⑥融合化趋势:电子商务将由最初的全面开花走向新的融合。一是同类网站之间的兼并,目前大量的网站定位相同或相近,业务内容趋同,激烈竞争的结果只能是少数企业最终胜出。二是不同类别网站之间互补性的兼并,国内那些处于领先地位的电子商务企业在资源、品牌、客户规模等方面的优势是相对的,国外著名电子商务企业在扩张的过程中必然会采取收购策略,主要模式将是互补性收购。三是战略联盟,每个网站在资源方面总是有限的,客户的需求又是全方位的,所以不同类型的网站以战略联盟的形式进行相互协作也势在必行。

3. 电子商务发展的前沿方向

电子商务发展的前沿方向主要包括:①电子商务下沉战略势在必行,相对于一线城市,二、三线城市再到乡镇农村还有大规模的用户群体可以挖掘。②扩大跨境电商发展的版图,走向国际,越来越多的电商开始将自己的业务线向外延伸。目前个人进行海外代购(海淘)存在很多弊端:采购量有限,假货较多,整个采购周期较长,退换货十分不方便。在物流、支付各方面需要有经验和能力的电商平台加入进来,让消费者享受更多海外购物的便利以及资金保障。另外对开拓海外市场以及引进外国品牌都会起到一定积极作用,实现多方共赢。③互联网金融开疆拓土的关键政策,如白条、众筹、信用贷款,电商兼具了越来越多的银行功能。最大的变数来自政府的政策是否会限制这种发展局面。④产业群互联网化加速垂直电商的发展,互联化能够帮助各产业链缩减其中一部分环节,甚至促进上游和终端的直接连接,削减中间成本。⑤完整的生态链、电商建立的线下实体店、多方合作的平台化战略使得 O2O 模式的优势渐显。⑥基于社交平台的微商被纳入电商经营者范畴,消费者维权有法可依。⑦可穿戴设备、智能家居,物联网电商成为电商流量的新入口。

4. 互联网电子商务催生的新社会阶层

2020 年 12 月中共中央发布《中国共产党统一战线工作条例》指出,新的社会阶层人士主要包括:民营企业和外商投资企业管理技术人员、中介组织和社会从业人员、自由职业人员、新媒体从业人员等。新社会阶层的主要特征包括:许多人是从工人、农民、干部和知识分子分离出来的,相当一部分是知识分子,主要集中在非公有制领域;该阶层聚集了中国大部分高收入者,职业和身份具有较大不稳定性,具有不断扩大的趋势。电子商务的发展催生了网红主播、电子商务师、网络营销师、网店运营师、店铺美工设计师、店铺客服、数据分析师、网络推广工程师、移动营销师等一大批新的职业。

1.1.4 电子商务经济新规律

1. 马太效应

马太效应(Matthew Effect)是指强者愈强、弱者愈弱的现象。其名字来自圣经《新约·马太福音》中的一则寓言:"凡有的,还要加给他叫他多余;没有的,连他所有的也要夺过来。"在经济学中用它反映贫者愈贫,富者愈富,赢家通吃的经济学现象。马太效应揭示了一个不断增长个人和企业资源的需求原理,是影响企业发展和个人成功的一个重要法则。

2. 梅特卡夫法则

计算机网络先驱 3Com 公司的创始人罗伯特·梅特卡夫提出梅特卡夫法则(Metcalfe's Law),是指网络价值以用户数量平方的速度增长。网络价值等于网络节点数的平方,即 $V = n^2$(V 表示网络的总价值,n 表示用户数)。梅特卡夫法则常常与摩尔定律相提并论,如果说摩尔定律是信息科学的发展规律,那么梅特卡夫法则就是网络技术发展规律。网络外部性是梅特卡夫法则的本质。

3. 达维多定律

曾任职于英特尔公司副总裁的威廉·H.达维多提出以自己名字命名的达维多定律,认为任何企业在本产业中必须不断更新自己的产品。要保持领先,就必须时刻否定并超越自己。一家企业如果要在市场上占据主导地位,就必须第一个开发出新一代产品。如果被动地以第二或者第三家企业将新产品推进市场,那么获得的利益将远不如第一家企业作为冒险者所获得的利益,因为市场的第一代产品能够自动获得 50% 的市场份额,尽管当时的产品可能还不尽完善。

4. 注意力经济

1997 年迈克尔·戈德海伯在美国发表的一篇题为《注意力购买者》的文章中最早正式提出"注意力经济"(The Economy of Attention)这一概念。该文章指出:当今社会是一个信息极大丰富甚至泛滥的社会,而互联网的出现又进一步加快了这一进程,信息非但不是稀缺资源,相反是过剩的。而相对于过剩的信息,只有一种资源是稀缺的,那就是人们的注意力。进一步说,注意力经济是指最大限度地吸引用户或消费者的注意力,通过培养潜在的消费群体,以期获得最大的未来商业利益的经济模式。

注意力经济也称为"眼球经济"(Eyeball Economy)。注意力经济有以下几个特点:不能共享,无法复制,有限的,稀缺的,易从众,可传递,注意力产生的经济价值是间接体现的。著名的诺贝尔奖获得者赫伯特·西蒙在对当今经济发展趋势进行预测时也指出:"随着信息的发展,有价值的不是信息,而是注意力。"这种观点被 IT 业和管理界形象地描述为"注意力经济"。著名跨领域经济学家、2011 年阿玛蒂亚森经济学奖得主陈云博士说:"未来 30 年谁把握住了注意力,谁将掌控未来的财富。"

5. 吉尔德定律

被誉为数字时代三大思想家之一的乔治·吉尔德提出了吉尔德定律(Gilder's Law),又称为胜利者浪费定律。该定律提出最为成功的商业运作模式是价格最低的资源将会被尽可能地消耗,以此来保存最昂贵的资源。该定律被描述为:在未来25年,主干网的带宽每6个月增长一倍,其增长速度是摩尔定律预测的CPU增长速度的3倍,并预言将来上网会免费。

6. 数字鸿沟

数字鸿沟(Digital Divide/Gap/Division)又称为信息鸿沟,最先由美国国家远程通信和信息管理局(NTIA)于1999年在名为《在网络中落伍:定义数字鸿沟》的报告中定义,体现了当代信息技术领域中存在的差距现象。数字鸿沟造成的差别正在成为中国继城乡差别、工农差别、脑体差别"三大差别"之后的"第四大差别",其本身已不仅仅是一个技术问题,而正在成为一个社会问题。

7. 长尾效应

长尾(The Long Tail)理论是网络时代兴起的一种新理论(如图1.1所示),由美国学者克里斯·安德森提出。长尾理论认为,由于成本和效率的因素,当商品储存流通展示的场地和渠道足够宽广,商品生产成本急剧下降以至于个人都可以进行生产,并且商品的销售成本急剧降低时,几乎任何以前看似需求极低的产品,只要有卖,都会有人买。这些需求和销量不高的产品所占据的共同市场份额,可以和主流产品的市场份额相比,甚至更大。长尾中的商品满足了不同的人在追求个性化时的需求。在当今的互联网时代,长尾效应非常明显,长尾以其总量上而非单品上的巨大规模、较低成本,而由"不经济的"成为"经济的"。

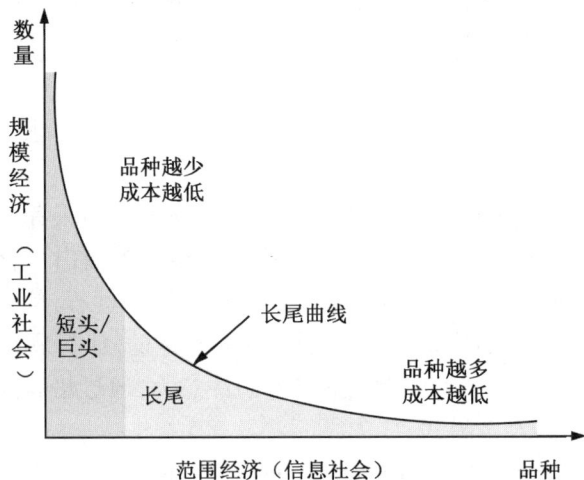

图 1.1　长尾理论示意图

1.1.5 电子商务与新兴技术

1. 电子商务与"互联网+"

"互联网+"代表一种新的经济形态,即充分发挥互联网在生产要素配置中的优化和集成作用,将互联网的创新成果深度融合于经济社会各领域之中,提升实体经济的创新力和生产力,形成更广泛的以互联网为基础设施和实现工具的经济发展新形态。通俗来说,"互联网+"就是"互联网+各个传统行业",但这并不是简单的两者相加,而是利用信息通信技术以及互联网平台,让互联网与传统行业进行深度融合,创造新的发展生态。

以餐饮业业务流程为例,分析"互联网+技术"的应用。①订餐:顾客有越来越多的手段提前订餐从而免去到店排队的苦恼。②等位:很多餐厅门口会有一个取号机,消费者取号后可以在周围等待。部分取号系统还可以和微信或者电话绑定,在快到消费者号码时提供微信推送或者短信提醒。③点餐:消费者通过一个手持设备来了解菜品的外形甚至口味、配料等具体信息,减少了商家与消费者两边的信息不对称,同时也提高了消费者的满意度。④结账:手机支付方式已经成为消费者的首要选择。⑤外卖:商家无须负担房租、服务员工资等成本,仅承担外送人员成本即可,提高了毛利水平。

2. 电子商务与大数据

(1)大数据的概念

"大数据"的概念早在20世纪80年代就已出现,当时的未来学家阿尔文·托夫勒在其名著《第三次浪潮》一书中,称大数据为"第三次浪潮的华彩乐章"。有学者将大数据定义为:"在海量化、结构化、多样化的数据中,通过数据处理技术,快速分析出数据的规律性或趋势性。"这个概念揭示了大数据的生产和集成过程,把大数据看作一个动态的处理过程。"大数据"的内涵不仅仅指数据量的"大"或等同于"数据","大数据"这个概念也和"海量数据"有显著区别,后者只强调数据量方面的庞大,并没有揭示出大数据的其他特点,大数据更多地侧重于数据的分析和应用,是个完整的动态的过程。

(2)大数据与电子商务融合

一方面,电子商务企业通过对大数据的运用及时了解消费者的真正需求,从而为消费者提供更加人性化的产品服务;另一方面,电子商务企业在利用大数据的过程中,可以有效发现企业运营中的问题和企业未来的发展方向。电子商务企业对大数据的收集、分析和挖掘能够在最大程度上发挥出大数据本身的商业价值,促进新型的电子商务运作模式的形成。电子商务可以对数量庞大的信息数据,甚至对特殊的数据进行收集和分析,完全摒弃随机抽样的数据分析方法。当前电子商务企业以大数据的收集和分析为基础,可以有效节约企业经营成本,还可以有效提升企业市场竞争能力,从而实现企业经济效益的最大化。

(3)大数据环境下电子商务未来展望

大数据对电子商务的变革,将体现为通过大数据分析了解消费者需求并提供个性化、精细化服务,从而不断改善用户的购物体验。消费者的历史活动形成的大量数据,为电子商务企业把握用户习惯提供了参考。有效地利用数据资源,转变思维方式,创新服务模式,大数据技术将继续在电子商务产业引发新的变革。

第一,改变传统营销方式。营销是电子商务中一个重要的课题。在精准营销理论中,首先要洞察客户需求。基于通信行为、上网数据等在不经意间透露出来的特征,通过相关分析方法获取用户行为方式信息,进而精准投放针对性强的广告,将成为大数据时代电子商务产业的主流营销方式。

第二,O2O 激活线下市场,打破传统购物观念。大数据技术的发展依靠精准营销向消费者推送本地实体门店的优惠券,带给消费者更全面丰富的商家服务信息,让消费者在线下既获得网络购物的价格和信息优势,又消除假货、价格欺诈等在线购物隐患。充分挖掘线下资源,帮助商家赢得顾客以及充沛的现金流,在与传统电商巨头的激烈竞争中占得先机。

第三,大数据打击网络假冒伪劣商品。由于交易平台可以记录网上所有的交易行为,因此可以用来打击假冒商品。结合大数据的手段进行分析,可以极大提高打击效率和精确度。2014 年 4 月,上海市公安局和阿里巴巴集团共同努力,借助于大数据技术,在分析对比了大量交易记录、物流信息等数据之后,迅速发现了一个集生产、批发、销售于一体的制售假冒运动鞋的犯罪团伙,并将这一黑色产业链一举捣毁。除了这种大规模制假贩假,淘宝网还通过图片比对技术识别侵权商品,对店铺商品评价进行大数据分析发现售假行为等进行严厉打击。根据淘宝网自身统计,在淘宝网的所有打假措施中,借助大数据分析发现线索主动出击的数量是被动受理投诉的 20 倍左右,大数据已经在打假中发挥了重要作用。

第四,数据产品服务社会经济发展。在经济调控、智慧交通、公共卫生、应急处理、舆论监督等方面,政府在大数据的帮助下将事半功倍;在提高药物作用、改善疗效等方面,大数据也大显神威。大数据将不仅是技术名称,还将会是未来社会生活的基础。针对亚马逊、阿里巴巴、京东等既拥有海量数据基础,又拥有数据处理技术及创新思维方式的电商企业,政府应加大在数据共享方面的支持鼓励力度,有效盘活电商企业的大数据资源,引导商业企业投入社会民生领域,成为造福社会的良心企业,形成良性发展循环。

3. 电子商务与物联网

(1)物联网的定义

物联网即通过射频识别、红外感应器、全球定位系统、激光扫描器、气体感应器等信息传感设备,按约定的协议把任何物品与互联网连接起来,进行信息交换和通信,以实现智能化识别、定位、跟踪、监控和管理的一种网络。

(2)电子商务与物联网的整合

①产品的正品保障。每个标签都有一个全球唯一的标识号(Identifier,ID),在制作芯片时被放在只读存储器中,无法修改、无法仿造;无机械磨损,防污损;读写器具有不直接对最终用户开放的物理接口,以保证其自身的安全性;信息安全方面除标签的密码保护外,数据部分可用一些算法实现安全管理;读写器与标签之间存在相互认证的过程和机制等。消费者可在网上查到该商品无线射频识别技术(Radio Frequency Identification,RFID)芯片内嵌入的信息,包括商品的大小、材质、颜色、成分、配料等相关信息,消除商家与消费者之间信息不对称的问题,使用户真正了解商品的质量和具体来源,避免消费者受虚假广告的误导,消除消费者对产品质量的顾虑,弥补网上销售缺乏诚信的弊端。

②电子商务物流。在网络营销中,物流配送服务质量是客户投诉最多的,其主要原因是企业和消费者对物流过程不能实时监控。物联网通过对包裹进行统一的编码,并在包裹中嵌入

电子产品代码(Electronic Product Code,EPC)标签,在物流途中通过 RFID 技术读取 EPC 编码信息,并传输到网站处理中心供企业和消费者查询,实现对物流过程的实时监控,便于及时发现物流过程中的问题,有效提高服务质量,提高消费者的网络购物满意度。

③智能仓储解决方案。智能仓储监控系统针对特殊物品,包括化工产品、危险品、保鲜食品、药品、农产品等特定环境的存储需求,利用 RFID 标签、自动温湿度记录仪、电信全球眼等设备,实时采集并记录仓库中货物的位置信息、数量信息、温湿度信息、气体浓度信息以及货物的安全信息等,同时将这些数据信息通过有线或者无线网络,自动传递到电脑或手机终端,保证货主和市场管理者对这种环境进行全方位的实时监控。

④以二维码为主要形式的电子化票证支付。a. 电子折扣券,主要用于商品促销,二维码可复制、转发,商家希望进行病毒式传播,用户凭二维码可享受折扣或减价优惠。如:麦当劳电子折扣券。b. 电子有价券,进行手机支付后产生的有金额价值的电子二维码券,具有客户唯一性,用户凭该券可以领取商品或享受服务。如:电子电影票。c. 电子凭证,是通过电子二维码识别验证可享受尊贵服务或专项服务的证据,具有客户唯一性,主要为电子二维码 VIP 卡。如:移动大客户电子金卡/钻石卡、医院电子优先号。d. 电子回执,是用户完成手机支付后通过电子渠道收到的收据,用户凭借该电子二维码收据可索取发票或享受售后服务。如:电子小额保险单据。

4. 电子商务与云计算

(1)云计算的定义

一般认为,云计算是并行计算(Parallel Computing)、分布式计算(Distributed Computing)和网格计算(Grid Computing)的发展,作为一种新兴的共享信息资源的技术方法,为用户提供各类 IT 服务。

(2)云计算的架构

云计算的三个服务模式是:(1)基础设施即服务(Infrastructure as a Service,IaaS),将"云"中的硬件资源(包括物理硬件资源和虚拟化资源)提供给用户的服务。支撑该服务的技术体系包括虚拟化技术和相关的资源动态管理与调度技术。(2)平台即服务(Platform as a Service,PaaS),为用户提供应用软件的开发、测试、部署和运行环境的服务。支撑该服务的技术主要是与分布式系统相关的关键技术。(3)软件即服务(Software as a Service,SaaS),通过网络将在"云"中运行的应用软件的功能交付给用户的服务,它的交付依赖于云计算架构中下层的必要支持。支撑该服务的技术主要包括用于改善服务交付体验的多租户技术和 Web 呈现技术等。

(3)云计算平台下的电子商务

将云计算的概念引入企业的电子商务领域,给电子商务带来巨大的变化。企业电子商务充分利用云技术的应用特点,能够有效地利用资源,降低成本。云计算对企业电子商务应用的改善主要表现在以下方面:提供可靠安全的数据存储中心,能够改善企业电子商务应用的安全性;提供高速、快捷的云服务,能够改善企业电子商务应用的灵活性和专业性;提供强大的计算能力,能够快速完成用户的各种业务要求,实现普通计算环境下难以达到的数据处理能力。电子商务企业在选择融合模式时,必须对企业现有的电子商务系统、技术条件、资金实力和业务内容等方面进行全面分析和考量。同时,在梳理企业现有业务内容和信息技术的基础上掌握云计算对现有企业业务、信息系统的影响程度和企业对云计算的依赖程度,由此选择适当的云计算融合模式。

5.电子商务与虚拟现实

（1）虚拟现实的定义

虚拟现实(Virtual Reality,VR)技术是一种可以创建和体验虚拟世界的计算机仿真系统。它利用计算机生成一种模拟环境,通过一种多源信息融合的交互式的三维动态视景和实体行为的系统仿真使用户沉浸到该环境中。

（2）虚拟现实的技术特征

①多感知性:除一般计算机所具有的视觉感知外,还有听觉感知、触觉感知、运动感知,甚至还包括味觉感知、嗅觉感知等。理想的虚拟现实应该具有一切人所具有的感知功能。②存在感:用户感到作为主角存在于模拟环境中的真实程度。理想的模拟环境应该达到使用户难辨真假的程度。③交互性:用户对模拟环境内物体的可操作程度和从环境得到反馈的自然程度。④自主性:虚拟环境中的物体依据现实世界物理运动定律动作的程度。

（3）虚拟现实对电子商务发展的影响

VR通过沉浸式体验,给电商换了一个表现形式,电商发展VR是一种不可改变的趋势。①在VR平台上,高端产品和低端产品会有区别化。VR作为一种高科技产品,最先进入市场的往往是有资本的人,小资本零散的店铺开始很难支撑起装修和服务器的成本,所以最先进去的产业应该是一些奢侈品和高科技产品。②VR电商也会改变现有的适合通过电商销售的产业类型。例如,随着VR时代的到来,旅游业的"试游"也可以成为现实,通过对旅游景点的实际采集做成原型产品,让顾客可以在网络上"试游"。③随着更少的时间投入和更多的利润收入,电子商务卖家将探索更多的VR技术和未来的创新。

1.2 电子商务创新

1.2.1 创新的认知

1.创新的定义

1912年,约瑟夫·A.熊彼得在《经济发展理论》一书中首次提出"创新理论",他认为创新是指把一种新的生产要素和生产条件的"新结合"引入生产体系。熊彼得将创新分为原料、工艺、产品、市场及管理方式创新五个方面。概括来说,创新是以不同寻常的思路或见解作为指导,利用现有的资源改进或创造原来不存在或不完善的事物、方法或环境等,并获得一定有益效果的行为。被誉为"管理学之父"的彼得·F.德鲁克认为,创新是组织的一项基本功能,是管理者的一项重要职责。由此可见,创新并不是高科技企业或者新兴产业的"专利",而是每一个企业赖以生存和发展的基石。尤其对于初创企业,创新尤为重要。如果没有创新,在资源、人才、品牌等方面均不占优势的初创企业就很可能在初入市场时在残酷的市场竞争中败下阵来。

2. 创新的来源

现在企业都很重视创新,但是从哪里开展创新呢?德鲁克在《创新与企业家精神》一书中总结归纳了创新的七个来源。

创新的第一个来源是意料之外的事件。德鲁克说这是最容易利用、成本最低的创新机会。比如万豪酒店(MARRIOTT)从做连锁餐饮起步。有一年,他们在华盛顿州开的一家餐馆生意意外地火爆,后来经了解,原来是餐馆对面是机场的原因,那时候飞机上不提供餐食,很多乘客就来餐馆买快餐带到飞机上。万豪酒店意外发现了新机会,开始和航空公司合作,"航空餐饮"由此诞生并取得了成功。所以说,要认真分析意外事件背后的原因,说不定就会发现创新机会。

创新的第二个来源,德鲁克称之为"不协调的事件"。意思就是说,这事明明从逻辑上、道理上应该行,但实际结果就是不行,这时候,就可能产生创新。比如集装箱的发明就是这样。20世纪50年代之前,航运公司都在努力购买好货船、招聘好船员,他们的想法是,只有船跑得更快、船员业务更熟练,航运效率才会更高,公司才能赚更多钱。这听起来很有道理,但结果是成本居高不下。后来大家才发现,原来当时影响效率的最大因素不是船和船员,而是轮船在港口闲置、等待卸货再装货所耽误的时间。为了提高货物装卸的速度,集装箱就被发明出来,之后航运总成本迅速下降了60%,整个航运业起死回生。

第三个创新的来源是程序需求。通过寻找现有流程中的薄弱环节,发现创新。比如巴西的阿苏尔航空公司机票价格很低,但乘客却不怎么多。后来他们发现,这是因为乘客到机场很不方便,坐出租车很贵,而坐公交车或者地铁又没有合适线路。也就是说,"从家到机场"是顾客出行流程的一部分,但没有得到满足。于是,阿苏尔航空公司开通了到机场的免费大巴,这使其生意突然变好,成为巴西成长最快的航空公司之一。

第四是行业和市场结构的变化往往会带来创新的机会。比如数码技术的出现让影像行业发生了很大变化。柯达公司早在1975年就发明了第一台数码相机,但并没有重视数码相机市场的巨大潜力。随着影像行业的快速发展,柯达这个曾经的王者就此陨落,再也未能恢复昔日的辉煌。

创新的第五个来源是人口结构的变化。人口统计特性,例如:人口数量、年龄结构、性别组合、就业情况、受教育状况、收入情况等方面的变化,都会带来新的机会。比如中国全面开放三孩等政策,会带来很多创新机会。

创新的第六个来源是认知上的变化。例如,在生活质量不断提升的今天,人们对于健康越来越重视,由此衍生出非常多的创新机会。"有机食品"(Organic Food)概念的出现就是人们认知改变的典型案例。再例如,微信的诞生和发展历程一波三折,在开发之初,腾讯公司内部认为已经有手机QQ,不需要再研发微信。但移动互联网极大地改变了人们对即时通信软件的认知,微信成为使腾讯保持即时通信软件领先地位的重要产品。

创新的第七个来源是新知识。这个创新的利用时间最长。因为新知识创新往往需要好几个因素。比如,德鲁克提到,喷气式发动机早在1930年就发明出来了,但直到1958年波音公司研制出波音707客机才应用到商业航空,中间隔了28年。因为新飞机的研发不仅是发动机的研发,还需要空气动力学、新材料以及航空燃料等多方面知识技术的整合。扫地机器人运用了很多领域的新知识和新技术,包括:红外传感、无线定位导航、人工智能等技术。还有许多创新产品的开发也类似,需要不同领域知识的整合才能实现。

上面这七个创新来源之间,界线有时候很模糊。企业要进行系统化的创新,大概需要每隔半年就看一下自己内部和外部的情况,这时候就可以从这七个方面进行检查,以确认是否有创新机会。

3. 创新型人才的主要特征

创新型人才是具有创新精神和创新能力的人才。创新型人才的主要特征包括:①有可贵的创新品质。创新型人才必须是有理想、有抱负的人,具备良好的献身精神和进取意识、强烈的事业心和历史责任感等可贵的创新品质。②有坚韧的创新意志。创新型人才每前进一步都需要非凡的胆识和坚忍不拔的毅力,为了既定的目标必须始终不懈地进行奋斗,锲而不舍,不断战胜创新活动中的种种困难,最终实现理想的创新效果。③有敏锐的创新观察能力。创新型人才必须具有敏锐的观察能力、深刻的洞察能力、见微知著的直觉能力和妙手偶得的灵感和顿悟,不断地将观察到的事物与已掌握的知识联系起来,发现事物之间的必然联系,及时地发现别人没有发现的东西。④有超前的创新思维。创新思维是创新的基本前提,创新型人才具备思维方式的前瞻性、独创性、灵活性等良好思维品质,才能保证在对事物进行分析、综合和判断时做到独辟蹊径。⑤有丰富的创新知识。创新型人才须具有深厚扎实的基础知识,了解相邻学科及必要的横向学科知识,完备的知识结构有助于增强综合思维能力和创新能力。⑥有科学的创新实践。创新型人才必须具有严谨而求实的工作作风,严格遵循事物的客观规律,从实际出发,以科学的态度进行创新实践。

1.2.2 电子商务创新的特点

1. 电子商务商业模式创新

电子商务商业模式创新将从业务流程创新到管理创新,再到组织创新,渐次展开,渐次深入,这是一个相互作用、激荡、混沌和自组织的进化过程。目前一些新的商业模式正在出现,如支持以用户"自产"内容为主的网站模式,例

重大创新
创业机遇

如:豆瓣网围绕图书、影视、音乐等产品提供给客户自由交流的空间,客户可根据自己的兴趣参与某种或某类图书的讨论,网站根据产品受关注的程度及时将这些产品推荐给消费者,并链接到相关网站。

2. 智能化与网络化

电子商务所依赖的网络环境拥有大量的信息,对于这些信息的搜集、分析和利用完全依靠人工是不可能的,智能技术将广泛应用于电子商务的各个环节:从供应商、商业伙伴的选择,到生产过程的优化;从个性化推荐、智能搜索到智能化自适应网站;从物流配送到客户的售后服务与客户关系管理等。主要的智能技术包括自然语言处理和自动网页翻译、多智能代理技术、智能信息搜索引擎和数据挖掘、商业智能、人工智能等。

3. 协同化与差异性

网络技术的迅速发展使得企业内部部门之间、企业与企业之间的分工协作发生了变化,从

而引起企业的组织形式、组织文化、管理方式、决策过程发生变化,相继出现了虚拟企业、动态联盟等企业组织形式。协同已经不再是企业愿不愿意面对的问题,而是必须面对的问题。协同不仅是一个概念,而是与企业的业务紧密结合在一起。同时,电子商务的最大特点就是差异化,差异化依赖于创新思想。寻找新的创新增长点、新的科技创新产品,构建新的创新理念,是电子商务创新的关键。

1.2.3 电子商务创新的思路

树立企业的创新主体地位。企业是商业模式创新的主体,商业模式决定企业成败,引导企业由渐进式的产品创新扩展到突破式的商业模式创新。另外值得注意的是,要注重企业与信息技术的融合发展。据统计,美国企业 40% 的创新是技术创新,60% 的创新是商业模式创新。我国商业模式的创新必须借助信息化技术,从而促进传统产业升级,开发新市场。新商业模式并不排斥传统产业,而是传统产业通过信息技术能够开发出新的市场空间,再造新优势。

坚持以市场为导向进行创新。积极引导企业注重新技术的市场开发,通过互联网把有限市场变成无限市场。科学技术是第一生产力,而创新传统的商业模式才能进一步解放生产力。商业模式创新有赖于新技术的推陈出新,但它比技术创新更为现实。注重科技与市场的结合,关键在于创新商业模式,让市场接受技术研发成果,促进科技成果的产业化、商品化。

完善政府服务。各地政府部门应该健全审批办理协调机制,推行行政审批代办制。政府对商业模式创新要积极培育,善于通过孵化器来培育新商业模式,合理规划,给予优惠的政策扶持,设立投资引导基金。

重新定义顾客价值。新的商业模式可以通过细分市场重组流通渠道,以新技术为手段创造新的市场,把人们潜在的需求转化为现实的需求。苹果公司通过重新定义顾客价值,成功开发 iPhone 新产品,使企业重新焕发活力。

坚持人才创新的理念。人才集聚是商业模式创新的基础。通过人才创业培育创新性人才,从而带动商业模式创新。许多企业都认为现在最稀缺、最宝贵的是懂技术、懂管理、懂市场的复合型人才。大多数成长型企业都在培养和招募有实践经验的人才,以适应商业模式创新的需要。

1.3 电子商务创业

创业创造的社会价值不可低估。从 20 世纪 70 年代末起,西方发达国家开始普遍重视创业。伴随着从工业时代到信息时代的社会转型,智慧、创意、创新、速度等成为竞争优势的关键来源。凭借着这种转变,一批新型企业创业成功。老牌大企业也逐渐开始注重在内部培育创业精神,强调变革、创业、战略更新、组织年轻化以积极适应这种变化。创业活动的兴起提供了大量的就业机会,在产值、税收、出口等方面贡献巨大。

1.3.1 电子商务创业特点

1. 进入门槛低

由于网上开店不需要传统店面的租金和装修开支，不需存货，甚至连首批进货资金也可以省去，因而所需的启动资金少得多，加上互联网的使用成本低，企业运行的成本也较低。电子商务创业对于许多年轻人和缺乏资金的人来讲是一个比较好的选择。随着网络应用的普及，国内外大多数人都有机会进入网络市场，推销自己的产品或服务。

2. 选择机会多

由于互联网是一种不受地域限制的市场环境，网上出现的商业机会远远大于在本地区或城市能够利用的市场机会，即使是一项很特别的产品或服务，也可以在网络的巨大市场空间内找到足够的用户或消费者，从而成为一个有利可图的创业选项。

3. 经营方式灵活

网上开店不受时间、地域的约束，既可以全天候经营，也不用整天守着店铺，网上店铺由计算机接收、处理交易信息，无论白天晚上都可照常营业。这对于那些兼职创业或希望享受更多业余生活的人来讲，无疑具有得天独厚的便利条件，而且交易时间的全天候使得交易成功的机会大大提高。

4. 投资回收较快

由于网上开店需要的投资少、筹备时间短，很快就可以投入运营，而且销售规模不受地理空间限制，小网站也可以经营成千上万种商品，也可以做大买卖，因此，投资回收周期往往较短。一些拍卖网站同时在线交易的商品可达10多万件，远超过百货超市，而投资却要低得多。

1.3.2 电子商务创业环境

电子商务创业环境是指开展电子商务创业活动的范围和领域，是电子商务创业者所处的境遇和情况。它是对电子商务创业者创业思想的形成和创业活动的开展能够产生影响和发生作用的各种因素和条件的总和。电子商务是国家规划的战略性新兴产业。目前，中国电子商务创业形势大好，利好政策不断出台，电子商务创业蕴含了无限机会。

1. 大众创业、万众创新背景下迎来电子商务创业热潮

大众创业、万众创新是富民之道、强国之举，有利于产业、企业、分配等多方面的结构优化。完善创业扶持政策，鼓励以创业带就业，建立面向人人的创业服务平台，以面对我国经济发展新常态下的趋势变化和长期存在的就业压力。把创业与就业结合起来，以创业带就业，将催生经济社会发展新动力，是稳增长、扩就业、激发群众智慧和创造力、促进社会纵向流动和公平正义的重大举措，对调整经济结构、实施创新驱动发展战略具有重要意义。

2. 互联网带来巨大的电子商务发展空间

互联网不仅是工具和媒体，互联网可跨越年龄、民族、国家，将大量的信息重新组合，产生

更多创新创业的机会,为创业者们提供了无限的创业空间。"互联网+"不仅正在全面应用到第三产业,形成诸如"互联网+金融""互联网+交通""互联网+医疗""互联网+教育"等新生态,而且正在向第一和第二产业渗透。工业互联网正在从消费品工业向装备制造和能源、新材料等工业领域渗透,全面推动传统工业生产方式的转变。

3.农业电子商务的快速发展蕴含无限商机

农业互联网也在从电子商务等网络销售环节向生产领域渗透,为农业带来新的机遇,提供广阔发展空间。政策层面有多项支持发展农村电子商务的举措。商务部发布了"互联网+流通"行动计划,作为"互联网+"的首个行业规划,该行动计划首个重要工作任务就是推动电子商务进农村,培育农村电商环境。农资、农业电商将进入快速发展期。

4."一带一路"倡议等各项有利政策促进跨境电子商务的快速发展

鼓励发展面向"一带一路"沿线国家的电子商务合作,扩大跨境电子商务综合试点,建立政府、企业、专家等各个层面的对话机制,发起和主导电子商务多边合作。同时,各相关部门为了支持发展跨境电商也发布了相关要求,主要包括:海关总署发布《海关总署关于调整跨境贸易电子商务监管海关作业时间和通关时限要求有关事宜的通知》,质检总局发布《关于进一步发挥检验检疫职能作用促进跨境电子商务发展的意见》,商务部研究制订了《"互联网+流通"行动计划》。

5.对电子商务创业的税收优惠政策

对建立电子商务交易中心、提供电子贸易服务的企业(网络服务商)给予税收优惠,如免征营业税。对以电子商务为载体的新型服务行业给予政策优惠,如减免营业税。对企业利用电子商务进行国际型产品销售或服务加大鼓励力度(如提高出口退税税率),提高国际经济竞争力。对企业进行内部技术更新、提高自动化程度和信息化程度的投资,尤其企业进行 B2B 电子商务建设,给予税收优惠,如实行投资抵免。对通过电子商务直接销售自产商品的企业,给予税收优惠,减征有关税收。

6.全面深化高校创新创业教育改革

全面深化高校创新创业教育改革,是国家实施创新驱动发展战略、促进经济提质增效升级的迫切需要,是推进高等教育综合改革、促进高校毕业生更高质量创业就业的重要举措。为鼓励学生创新创业,改革教学和学籍管理制度势在必行。相关部门出台多项优惠政策,涉及融资、担保贷款、税收优惠、创业培训、创业指导、免收有关行政事业性收费等诸多方面。

1.3.3 电子商务创业准备

1.创业应具备的资源

无论是要素资源还是环境资源,它们的存在都会对创业绩效产生积极影响。
(1)要素资源
要素资源可以直接促进新创企业的成长。要素资源包括:①场地资源:任何企业都要有生产和经营的场所,这是企业存在的首要条件之一。②资金资源:充足的资金将有助于加速新创企业的发展。如何有效地吸收资金资源是每个创业者都极为关注的问题。③人才资源:人才对于高科技企业的成长和发展越来越重要。高素质人才的获取和开发,是现代企业可持续发展的关键。④管理资源:拥有一套完整而高效的管理制度是新创企业的宝贵资源。在企业缺乏这一资源时,专业的管理咨询策划将有助于提高新创企业的生产和运作效率。⑤科技资源:科技资源的重要性不言而喻。积极引进寻找有商业价值的科技成果,加强和高校科研院所的产学研合作,将有助于加快产品研制和成型的速度,缩短产品进入市场的时间,为企业的市场竞争提供有力支持。

（2）环境资源

环境资源可以影响要素资源,并间接促进新创企业的成长。环境资源包括:①政策资源:在政策允许和鼓励的条件下,新创企业才能获得更多的国内外人才、贷款和投资、具有明确产权关系的科技成果、各种服务以及场地优惠等。②信息资源:专业机构对于信息的搜集、处理和传递,可以为创业者制定研发、采购、生产和销售的决策提供指导和参考。③文化资源:文化资源是企业发展中重要的一环,对于新创企业和创业者有着极大的精神激励作用,令新创企业以更强的动力和能力有效组合创业要素并创造价值。④品牌资源:新创企业所置身的环境也具有一定的品牌效应。创业者要善于利用品牌资源,扩大新创企业和品牌之间的互动,以增强社会影响力。

2. 创业想法的发掘与筛选

（1）创业想法的定义

创业想法是一种意向、一个构想或者一个计划。创业想法与点子不同,区别在于创业想法具有创业指向,好的点子有可能是创业想法的最初阶段。一个好的创业想法的发现是创业者实现愿望和创造商业机会的关键步骤。

（2）创业想法的发掘方式

帮助发掘创业想法的方法主要包括以下几种:①爱好和兴趣,很多人在追求兴趣和爱好的过程中产生了创业想法。②技能和经验,可以说技能和经验是创业想法产生与实现的重要途径。③市场调查,通过对市场现状和发展趋势进行数据搜集记录和整理,可为创业想法的产生及经营决策的制定提供准确的信息支撑。④互联网,通过互联网捕捉大量的信息和机会促使创业想法的产生。⑤问题导向,结合专长和经验以问题为导向,在解决问题的过程中产生创业想法。⑥头脑风暴,通过自由联想和讨论,激发创造性思维,产生新观念和创新设想。

（3）创业想法的筛选过程

创业想法的筛选主要有三个步骤:①创业想法的初筛。一方面,仔细思考拥有的各类创业资源,如资金资源、顾客资源、人力资源、时间资源。另一方面,对行业和竞争对手进行分析,发现潜在威胁。通过初筛将创业想法减少到3个左右。②确定创业想法的优先等级。通过理性分析确定上述3个左右想法的优先等级。深入市场进行实地调研,了解市场供求状况和变化趋势。通过SWOT分析方法进行全面的分析评估,客观研判现实情况,做出理性的规划和决策。③调整创业想法。正视创业想法与现实情况的差距,对创业想法进行修订甚至放弃某些设想。

3. 创业机会分类与识别

创业机会是指有吸引力的、适时的一种商务活动空间，并最终能表现在为客户创造价值的产品或服务之中。美国经济学家亚历山大·卡迪奇维利等根据创业机会的来源和发展情况对创业机会进行了分类。创业机会矩阵中有两个维度，横轴以搜寻到的价值（即机会的潜在市场价值）为坐标，代表创业机会的潜在价值是否较为明确；纵轴以创业者的创造价值能力为坐标，包括通常的人力资本、财务能力及各种必要的有形资产等，表示创业者能否有效开发利用创业机会。按照这两个维度，可把创业机会分成四种类型：梦想、尚未解决的问题、技术转移和市场形成，如图 1.2 所示。

<table>
<tr><td colspan="3" align="center">搜寻到的价值</td><td></td></tr>
<tr><td align="center">未确定</td><td align="center">已确定</td><td></td></tr>
<tr><td rowspan="2" align="center">创造价值能力
未确定</td><td align="center">梦想
Ⅰ</td><td align="center">尚未解决的问题
Ⅱ</td><td>Ⅰ 机会价值不明确

Ⅱ 机会价值较明确
创造价值能力未确定</td></tr>
<tr><td align="center">技术转移
Ⅲ</td><td align="center">市场形成
Ⅳ</td><td>Ⅲ 机会价值不明确
创造价值能力已确定

Ⅳ 机会价值明确
创造价值能力确定</td></tr>
</table>

图 1.2　创业机会的分类

创业机会的识别可以分为两个层次。一方面，创业机会的把握离不开对宏观环境的分析；另一方面，创业机会的识别也需要对行业状况和已有资源进行分析。只有这样才能做到有的放矢，根据掌握的资源选择行业、确定项目和业务范围，这也是减少创业风险的需要。创业机会的识别是电子商务创业过程的起点。无论新创企业从事何种事业，机会的识别都起着举足轻重的作用。国家产业政策的调整、新技术的出现、人口和家庭结构的变化、物质和精神需要的变化等都可能形成商业机会。作为电子商务创业者，应该具有敏感的嗅觉，能够及时准确地识别创业机会。

4. 创业的发展阶段与步骤

(1) 创业的发展阶段

大学生必看：从定项目到找资源，这位投资人手把手教你如何创业

初创企业的发展路径通常分为 3 个阶段，分别是作坊式阶段、规范化阶段和规模化阶段。经过了这 3 个阶段，企业会逐渐从发展壮大走向稳定成熟。①作坊式阶段是企业的原始期。这个时期的企业需要凭借自身的优势，以产品、技术或者服务的形式占领市场。需要企业有创新探索的精神和快速变现的营销能力。②规范化阶段是企业的成长期，企业凭借原始积累迅速成长，企业需要将产品规范化、标准化，在保持自身优势的情况下，寻求新的增长点，进行专业化转型并保持产品的稳定性。③规模化阶段是企业的成熟期，企业形成了一套适合的运行机制和生存法则，能够稳步地保持利润增长，对规模、系统、平台管理都有更高的要求。当规模化效应出现之

后,会衍生出新的业态,带来新的机会并激发新的商业模式。

(2)创业的6个关键步骤

企业从无到有通常经历6个关键步骤,分别是发现商业契机,制订商业计划,组建创业团队,寻找资金来源,组建初创公司,经营初创公司。其中,前4个步骤属于创业的基础步骤,完成了这4步,就做好了创业准备。接下来要想真正创立一个企业,需要进入创业的常规步骤,即根据国家既定政策法规进入企业注册流程,组建初创公司,组建成功后正式进入公司的运营期。

1.3.4 创新与创业的关系

创新与创业之间主要有如下关系:①创新助力创业。创新和创业已经成为当今时代的主旋律,虽然是两个不同的概念,但是两者内在相关,创新和创业是相辅相成的、无法割裂的关系。②创新和创业本质上的一致性。创新是创业的手段和基础,而创业是创新的载体。创业者只有通过创新,才能使所开拓的事业生存、发展并保持持久的生命力。③创新和创业的关联性。创业是具有创新精神的个体与有价值的商业机会的结合,是开创新事业的活动,其本质在于把握机会,创造性地整合资源、创新和超前行动。④创新和创业的相互作用。创新是创业的动力和源泉,创新的价值体现于创业,创业的本质是创新,创业推动并深化创新。总体上说,科学技术及思想观念的创新,形成了新的生产和生活方式,创造了新的消费需求,这是创业活动源源不断的根本动因;另一方面,创业在本质上是一种创新性实践活动,是主体的一种高度自主行为。在创业实践过程中,主体的主观能动性得以充分发挥,最终体现了创业的创新特征。

课后习题
和参考答案

2 电子商务创新创业项目规划

2.1 创新创业项目可行性分析

1. 项目对社会的意义

在选择创新创业项目时,想要判断其是否具有前景,应该把项目放到大环境中去分析。第一个需要考虑的问题就是:该项目或产品是否符合能够促进行业发展或者是否满足社会进化的要求。如果可以,就选择尝试;否则,项目将无法保持它的持续性和生命力。

2. 项目对客户的价值

项目的利润点不能建立在损害服务对象的基础之上。顾客价值就是指产品或服务向顾客提供的效用(效用是用来衡量消费者从一组商品和服务之中获得的幸福或者满足的尺度)多少以及顾客从中感受到的满足程度,而顾客满意度是顾客价值的集中反映。顾客认为某些产品有价值,是因为他们所选产品的效用和服务能达到或超过他们的预期目的。优异的顾客价值能够在顾客心中造就与众不同的驱动力,使顾客成为忠诚顾客、终身顾客。

3. 项目服务对象的范围

如果服务范围很小,虽然回报率高,但是交易对象范围小而且交易周期长,这样的项目就算明明知道未来能产生交易从而获得回报,但在那时刻到来之前公司或许已经先倒闭了,这样的项目只适合资金雄厚的创业者;或者只能作为第二项目,而不适合作为初创项目。

4. 项目本身的行业竞争力

网络的发展让人们有了更多的选择,也让所有产品或项目的价格越发透明,对项目的增值服务要求也更高,如果产品价格没有优势,那服务就一定要有优势。项目能够提供更优质的产品体验意味着可拥有更强的竞争力。

5. 项目的运营成本

要认真考虑运营成本,特别是资金少的创业者。应重视轻资产运营和融资,如果一个项目需要大量压货,或者大量的人工成本,那么创业者需要谨慎考虑,这样的项目很容易出现资金链断开而无法生存的问题,必须做好预备方案。

2.2 电子商务盈利模式选择

任何商业模式只有产生实际利润才符合商业原则,才有存在的价值和发展的基础。这就不可避免地涉及如何赚钱这一根本问题——盈利模式。电子商务盈利模式理论是在电子商务理论和实践的环境下孕育和产生的,是在传统企业经营和运作模式理论基础上的进一步深化和创新。

1. 盈利模式构成要素

在日益激烈的网络盈利模式竞争中,几乎所有的企业都想获得持续的盈利增长,一个好的盈利模式必须能够解决以下一系列问题:电子商务企业为客户提供的是什么样的价值? 成本发生的方式是什么样的? 收入如何取得? 如何在提供价值的过程中保持竞争优势而且持久盈利? 所有的盈利模式都是包含这四种要素的不同组合形式。①企业提供的价值是指企业可以获取利润的产品或服务:一要清晰明确客户的需求偏好;二要为构成利润源的客户创造价值;三要为企业创造价值,它解决的是向用户提供什么样的价值的问题。一个成功的企业必须为消费者创造价值,由此带来企业价值的增长。②成本分析模式是根据现金有关成本,分析预测其总成本最低时现金持有量的一种方法。人们要进行生产经营活动或达到一定的目的,就必须耗费一定的资源,其所耗资源的货币表现及其对象化称为成本。③收入取得的方式即从哪些渠道获取利润,解决的是收入来源的问题。企业需要根据消费者在需求上的差异,把消费者划分为若干范围,并决定向哪个范围提供价值服务。在电子商务活动中,由于互联网具有通用性,任何人在世界的任何地方都能够使他们的产品到达需要该产品的任何人或者任何地方,这就使得地域大大延伸。④保持竞争优势是指企业为防止竞争者掠夺本企业的利润而采取的防范措施,它与成本的发生方式同样表现为企业的投入,它解决的是如何保持持久盈利的问题。

2. 盈利模式影响因素

(1)成本效益分析的正确性

是否能进行正确的成本效益分析也是影响电子商务盈利模式能否成功的重要因素之一。电子商务运作方式常常带来新的成本,有时甚至是巨大的成本。如在线杂货店模式的失败可归咎于对成本效益分析的不正确,因为杂货店的利润本来就很微薄,而在线零售又产生了新的技术、营销和服务等成本。同时,电子商务的效益是多方面的,包括质量效益、时间效益、成本效益以及竞争优势等,相对于成本而言有些效益是无形的并难以估算的,这也给电子商务盈利模式的设计带来难度。

(2)盈利模式的可复制性

盈利模式是可以被复制的,只是复制的难度不同,复制难度大则可以使竞争者难以进入,为自己的发展赢得时间。优秀的盈利模式是难以模仿的。企业通过确立与众不同的盈利模式,如对客户的悉心照顾、无与伦比的实施能力等,来建立利润屏障,提高行业的进入门槛,从而保证利润来源不受侵占。如果一种电子商务盈利模式的盈利逻辑和成本效益分析都是可行的,抓住时机,利用先发优势、网络效应、切换成本等手段使其模式难以被竞争对手复制,那么取得成功的可能性会更大。

（3）提供价值的独特性

有时候独特的价值可能是新的思想，而更多的时候，往往是产品和服务独特性的组合。这种组合要么可以向顾客提供额外的价值，要么使客户能用更低的价格获得同样的利益，或者是用同样的价格获得更多的利益。例如，美国的大型连锁家居建材用品商场家得宝（the Home Depot）就是将低价格、齐全的品种以及只在高价专营商店才能得到的专业咨询服务结合起来，作为企业的盈利模式。

（4）盈利模式的持久性

盈利模式设计的最终目的是能够长远获利，因此电子商务盈利模式应该瞄准长期目标，而不是短期目标或一锤子买卖，也就是说电子商务盈利模式应该具有一定的持久性，是针对一种长期存在的市场所开发出来的。如果针对的只是一种临时的需求和市场，不能算是一种成功的盈利模式，因为一旦失去了市场，就没有其存在的必要，这种模式必然失败。

（5）盈利模式的可扩展性

电子商务盈利模式在目前技术发展日新月异、竞争日趋激烈的时代要保持一定的持久性，与盈利模式的可扩展性是分不开的。这里所谓的盈利模式的可扩展性，是指利用现有盈利模式所拥有的顾客基础、相关活动、能力和技术来开发新的收入来源，也指盈利模式的一些组成部分和连接环节是可以重新设计和改造的，以便向客户提供更好的价值。

总之，一种电子商务盈利模式的成功取决于多个方面，除了以上所列举的因素外，还受时机、宏观和微观环境等诸多因素的影响。在构建和实施某种电子商务盈利模式时，不仅需要找到顾客价值来源和构成形式以设计盈利模式，还要综合考虑各方面的影响，才能保证其更大的成功可能性。

3. 大学生网络创业盈利模式

以下是目前大学生进行网络创业的三类主要盈利模式。

（1）以商品交易为基础的网络创业盈利模式

很多大学生选择类似"淘宝店"的模式进行创业。其实就是最典型的以商品交易模式为基础来进行盈利的过程。在此种模式下，主要涉及融资成本、进货成本、物流成本、库存成本和前期设备投入成本等。其产生的利润最主要的是销售前后产生的差价。这种创业模式的门槛比较低，很多大学生都乐于尝试。基本只要拥有电脑和上网的条件就可以进行。在开店的初期，投入非常少，有的学生甚至可以在校园内部就开始开店，对于缺少经济来源的大学生来说则是最佳选择。该盈利模式的时间和空间都相对灵活，是大学生网络创业的最佳选择。但是以商品交易为基础的盈利模式同时也带来了非常巨大的压力。在校的大学生普遍缺少社会资源，整体属于价格竞争的弱势群体，价格的高度透明使得客户的议价能力大幅度提升，缩小了商品的利润空间，而且这种盈利模式很快就会被效仿。

（2）以服务为基础的网络创业盈利模式

有一些学生会利用自身的专业技术特长在网上为客户提供各种产品或服务，从而获取报酬。此种盈利模式本身的技术依赖性很强，内部也会产生较大的差异性，进入门槛要比商品交易的模式高很多。在该盈利模式下，其成本主要是前期对设备和环境的投入，学生为此进行学习的技术成本也被包括在内。学习资料、学费和实践操作成本等都在前期显得相当重要。此外,在操作项目的过程中还要承担因为操作失误而产生的失败成本,最后还有总体的时间成本和劳动成本。差别化和低成本是此种创业模式最重要的两大特点,其可以带来非常稳定的客户群。

(3)以社交、娱乐和消费为基础的网络创业盈利模式

很多大学生在校园内部开设了专门的兼职平台,内部有专业的小组向商家发布需求,所提供的兼职平台可以很大程度上将信息匹配、人才适配度和人员的输送结合起来,通过招聘和兼职管理来收取佣金。

2.3 电子商务网站与移动端规划

企业电子商务网站是建立在因特网上进行商务活动的虚拟网络空间和保障商务顺利运营的管理环境,是协调整合信息流、货物流、资金流有序关联并且高效流动的重要场所。移动电子商务则是通过手机等无线移动终端进行的电子商务活动。它将因特网、移动通信技术、短距离通信技术及其他信息处理技术相结合,使人们可以在任何时间、任何地点进行各种商贸活动,实现随时随地、线上线下的购物、电子支付以及各种交易活动、商务活动、金融活动和相关的综合服务活动等。

1. 电子商务网站与移动端的重要性

电子商务网站与移动端电子商务的规划、开发与运行,对电子商务企业具有重要的作用。企业网站和移动端既是企业在互联网上的代表,也是企业进行网络营销和电子商务的重要工具,是企业通向互联网的门户和开展网络营销的必要条件。电子商务网站与移动端的重要性包括:①有利于树立企业形象,提高企业的知名度。通过网站和移动端程序,用户可以跨越时空了解企业。利用多媒体技术,企业可以向用户展示产品、技术、经营理念、企业文化、企业形象,使企业无形资产得以增值。②有利于拓展营销渠道,提高营销效率。网络营销作为传统营销的补充,可以拓展新的空间,接触更大的消费群体,获得更多的新顾客,扩大市场。网络营销可以减少销售环节和销售人员,节约费用,降低成本,有利于提高营销效率。③第三方物流有利于了解顾客意见,掌握顾客需求。在不干扰顾客正常工作和生活的条件下,企业通过网站和移动端上的调查表、留言簿、定制服务倾听顾客的意见,了解顾客的心声,加强企业与顾客间的联系,建立良好的顾客关系。④有利于改善服务,提高企业服务质量。在线服务能够更加及时准确地掌握用户需求,通过交互式服务使得被动提供和主动获得统一起来,从而实现售前、售中、售后全过程和全方位的服务。⑤有利于改变企业的业务流程,提高企业管理水平。当企业逐渐基于电子商务开展业务时,企业的业务流程、组织机构、人员构成、人员素质也将随之改变和优化,增强企业的竞争力。

2. 网站和移动端开发的一般过程

网站和移动端的开发有五个基本阶段:规划、设计、建设和测试、投入使用、运行及后续维护。

第一阶段:规划。这一阶段的目的是生成项目计划。项目计划的内容包括:确定日程表;

确定项目的时间期限和每个阶段的最后期限;明确项目、目标、开发方法、项目任务分配、项目设想和风险。项目小组向用户提交项目计划,并取得他们的同意才能进入下一阶段。根据用户的反馈,开发小组可能会重新修改项目计划直到用户满意,如果无法达到用户要求,那么用户就有可能推迟或者取消该项目。项目计划常被称为"活"的文档,因为在整个项目的生命周期内可能被多次更新。最早的项目计划可能不包含任何细节,可能只有判断点和阶段划分,但随着项目活动的展开,计划会越来越详细,越来越专门化。

第二阶段:设计。在这一阶段,对于网站和移动端的外观、结构、站点定位、Web 应用要完成的任务以及必要的数据资料,必须经过用户认可,同时确定站点设计准则和技术特征。另外,如果项目允许,要对 Web 应用进行划分,使得项目各部分可以同时进行,缩短项目周期。可能要经过多次讨论,用户才能最终同意该部分的设计。如果设计原型成熟,并得到用户的认可,则生成项目设计规范,在开发过程的下一阶段中使用。

第三阶段:建设和测试。这一阶段的目的是开发符合项目设计规划的高质量 Web 应用。主要任务包括:架构搭建、功能开发、多阶段测试等。由于应用被划分成若干部分,所以一些小组成员有可能已经在应用的某个部分进入了建设阶段,而其他成员可能还处在其他部分的设计阶段中。

第四阶段:投入使用。这一阶段的目的是把全面测试过的 Web 应用发布到运营服务器上。如果涉及数据库,特别要注意不要丢失或破坏数据,保障各部分正常工作。此外,还要对整个开发环境、源文件、开发工具和文档进行备份。

第五阶段:运行及后续维护。这一阶段的目的是保障站点内容及时更新以及平稳运行。

2.4 电子商务物流模式选择

2021 年 3 月
中国互联网络发
展状况统计报告

电子商务的任何一笔交易都包含着信息流、商流、资金流和物流。其中物流作为交易过程中的最后一环,会涉及商品的仓储、运输、配送、装卸搬运等流程,是完成电子商务交易和提高消费者满意度的重要环节。电子商务企业所选择的物流模式将直接影响到企业的经济效益。电子商务企业采取的物流模式一般有企业自营物流、第三方物流、供应商配送模式、集中统一配送模式等。

1. 物流模式选择的影响因素

在电子商务环境下企业如何选择适合自己的物流模式是一个重要的决策问题,它关乎企业的品牌形象、财政预算、资源分配、业务管理等方面。表 2.1 归纳总结出了企业选择物流模式时的主要影响因素。

2. 第三方物流模式

(1)第三方物流的含义

第三方物流是物流职能由物品的供方、需方之外的第三方专业物流企业承担的业务模式。从广义的角度看,只要物流功能由物品供应方和需求方之外的第三方企业承担,则承担单一、部分或全部物流功能的第三方企业都属于第三方物流企业,其所提供的物流服务都属于第三方物流范围。从狭义的角度看,第三方物流是指由社会化的专业物流企业提供的综合性物流服务,它具有专业化、规模化、信息化、系统化、契约化和个性化等特征。无论何种表述,第三方物流的内容都包括了货物运输、信息管理、仓储、物流策略与系统开发、电子资料交换、咨询等,本质都是为了提供专业化的物流服务。

表 2.1　电子商务企业物流模式竞争力的评价指标

一级指标	物流运营成本	企业规模实力	竞争力提升	供应链因素
二级指标	运输费用	资金投入	客户满意度	信息管理
	仓储费用	基础设施	企业形象	协同运作
	人员费用	技术水平	市场占有率	决策执行
	管理费用	利润来源	服务差异化	物流及时准确性
	服务费用	单位成本	客户关系管理	物流环境

（2）第三方物流的优势

①第三方物流是电子商务顺畅运行的重要保证。专业化程度高,体现了现代物流发展水平,在电子商务活动中起到关键作用。②第三方物流促进了电子商务跨区域、全局性的发展。物流成本在商品交易成本中占有很大比重,物流的运作和执行涉及全局性问题,如果交易双方各自组建自己的物流系统,不仅难度很大,而且双方存在衔接不畅的问题。第三方物流协调不同区域市场的物流资源,可实现区域间的协同配送。③第三方物流有利于电子商务企业的产品创新和成本节约。第三方物流不仅负责货物运输任务,而且还负责订单处理、库存以及在运输过程中一系列事务,企业将运输任务交给第三方物流之后,能将更多精力放在生产产品和研发新产品上,扩大自己的市场份额,提高工作效率,最终使企业获得更多的竞争优势。

（3）第三方物流的劣势

①需要增强服务意识。电子商务下的第三方物流服务能否令顾客满意不仅直接影响物流公司的形象,同时也对电子商务企业产生连带效应,间接影响顾客对电子商务的满意度。②物流信息技术实现一体化无缝衔接,不断提高电子商务与物流之间的协调程度。电子商务的发展对物流信息技术服务提出更高要求,希望物流企业增强第三方物流信息化、网络化程度,能够提供实时的订单跟踪、售后服务、反馈处理以及实时库存等状态信息。

3. 自营物流模式

（1）自营物流的含义

自营物流是企业自己经营的物流,应用于电子商务企业,即电子商务企业出于经营的需要而建立的物流体系,在对产品进行销售之后由企业自己负责将产品通过物流配送到消费者一方,也就是第一方物流。自营物流的企业能够组建一定规模的物流车队和配送人员,根据客户所在区域建立配送中心,在接到订单后第一时间分配货物并完成配送过程,有利于控制交易时间并提高客户的满意程度。

（2）自营物流的优势

①有利于控制物流成本。自营物流体系由电子商务企业独立运营,因此更有利于做好成本控制,通过省略物流过程中的配送环节促进物流效率的提升。与此同时还能使库存结构优

化,便于供应链管理方式的实施,进而有效控制用于物流的成本支出。②有利于提升电商企业服务质量。发展电子商务企业自营物流模式能够确保企业对物流环节进行全面的控制,并通过对订单的精准分析提高货物配送的分拣效率,保证物流配送的时效性与安全性。负责送货上门的工作人员隶属于本企业,能够通过绩效考核保证其服务质量,从而维护电子商务企业的形象。③有利于帮助电子商务企业扩张业务。有效满足企业的物流需求,与此同时还能够凭借自身物流的便利性优势辅助其他一些需要提供物流服务企业进行物流配送业务,从而为企业赢得更多的其他收入,进而促进电子商务企业的发展。

（3）自营物流的劣势

①投资成本高。必须要将物流网络覆盖范围不断扩大,才能为企业营销打开更广阔的渠道。电子商务企业自营物流的范围直接决定着电子商务企业的业务发展,因此需要构建若干物流配送中心,对于电子商务企业来说这是一笔巨额投资,一旦企业订单规模受限,势必会造成电子商务企业的亏损。②物流压力大。电子商务企业发展自营物流固然能够以物流的安全性和时效性为特色,形成有别于第三方物流的优势,然而电子商务企业为了争得更多的客户,活动力度往往较大,每逢活动时节企业订单量便会骤然增加,此时电子商务企业的自营物流会短时间面对巨大的物流压力,对于电商企业物流体系的运作来说,效率也就可能会因此而大打折扣。③物流管理难,分散企业精力。企业自营物流模式的应用势必需要走上现代物流发展之路,而电子商务企业的经营核心多在于发展核心业务,可用于物流管理的力量比较有限,还会分散电子商务企业的精力,甚至会在一定程度上弱化电子商务企业的核心竞争力,从而不利于企业经济效益的快速增长。

2.5 电子商务支付模式选择

1. 第三方支付

网上银行以及第三方支付平台被定位为电子商务的一部分,它们的存在解决了商务进程中的资金流问题,催化并促进了电子商务的发展。支付体系是一个为社会提供支付清算和结算的以金融为基础的体系,支撑着整个经济活动的资金转移。在电子商务以及第三方支付平台兴起之前,社会的支付和清算主要是通过央行和商业银行进行的。现已相继出现了支付宝、财付通、快钱等发展势头良好的第三方网上支付平台。第三方支付平台是一个连接买卖双方、提供公正交易的信用平台,也是一个资金中转平台。第三方支付机构以银行大客户的身份与各家银行之间建立协议关系,与商业银行间进行特定形式的数据交换和相关信息验证,最终建立支付,用以实现购买方、商家和各个银行之间的联系及交易。第三方支付融合了卡基支付、网络虚拟货币等支付工具,为买方和卖家代为保管交易资金,转换支付口令,提供网络支付中介的多种增值服务,为使用电子商务的买卖方以及其他网络交易的用户或者是现实中的交易双方提供交易资金代收代付以及担保。

目前,移动支付是第三方支付的主要形式。移动支付是指使用手机完成支付或确认支付,而不是用现金、支票或银行卡支付。买方可以使用智能手机购买一系列的服务、数字产品或实体商品。单位或个人通过移动设备、互联网或者近距离传感直接或间接向银行金融机构发送支付指令产生货币支付与资金转移行为,从而实现移动支付功能。移动支付将终端设备、互联网、应用提供商以及金融机构相融合,为用户提供货币支付、缴费等金融业务。移动支付的使用方法有:短信支付、扫码支付、指纹支付、声波支付、刷脸支付等。其中,扫码支付是指利用智能手机主动扫描移动支付设备上面的条形码和二维码或者被动扫码而完成支付的移动支付业务。

2. 第三方支付存在的风险与安全问题

(1)互联网技术风险。目前网上银行以及第三方网上支付平台都被层层安全系统所保护,相关技术人员不断开发并且应用越来越完善的安全技术,用来保护支付平台的平稳运行。但从宏观上讲,其安全系统究竟是否足够抵御风险,仍是第三方支付业务中的决定性因素之一。这种风险既有可能源于计算机本身,如系统漏洞、存储器受损等不确定因素,也有可能源自网络的外部病毒攻击以及黑客攻击。

(2)金融方面存在的安全问题。主要是指如何进行有效的资金管理,如何规避可能引发的支付风险和道德风险。可能存在第三方网上支付平台管理者私自调用客户资金的风险。另外,大量资金投入并存在其中,随着用户数量的不断增长,第三方支付平台将赚取巨额的利息,关于利息的分配会引发新的问题。

(3)法律方面存在的安全问题。由于互联网金融具有虚拟性,信用评估存在很大的不确定性。法律需要明确的规定来规范第三方网上支付平台的法律地位。相关政府部门应制定针对第三方支付平台的监管制度与监管体系,加强市场准入管理。

3. 第三方支付安全风险防控

第三方支付风险防控涉及多个业态、多个渠道,任何一方都无法独自解决所有安全问题。

首先,第三方支付的风险防控需要央行的监管与指导。一是需要制定专门的金融技术行业或国家标准;二是要畅通金融消费者咨询投诉受理渠道,完善投诉处理机制;三是要建立支付机构工作评估体系和监督检查机制;四是要开展金融消费者教育,提高金融消费者风险意识和自我保护能力。

其次,良好的支付环境也需要消费者共同营造,需要其不断提升权责意识和风险意识,以合法合理、理性有序的态度参与金融活动。需要其自觉意识到自享收益的同时也要自担风险,需要其提高日常金融活动的警觉性,自觉远离和抑制非法金融业务活动。

最后,推动建设一个可持续发展、健康、共赢的支付安全新生态,第三方支付机构要不断加大在支付系统风险控制方面的研发力度,在商户审核上严格准入。第三方支付机构应该在业务创新和防范风险之间寻找平衡点。

2.6 网络营销与营销模式创新

1. 网络营销的定义

网络营销(Online Marketing 或 E-marketing)是随着互联网进入商业应用而产生的,尤其是万维网(WWW)、电子邮件(E-mail)、搜索引擎(Search Engine)等得到广泛应用之后,网络营销的价值越来越明显。网络营销是企业整体营销战略的组成部分,是为实现企业总体经营目标所进行的,以互联网为基本手段营造网上经营环境的各种活动。其中可以利用多种手段,如E-mail 营销、博客与微博营销、网络广告营销、视频营销、媒体营销、竞价推广营销、搜索引擎优化(Search Engine Optimization,SEO)营销等。总体来讲,凡是以互联网或移动互联为主要平台开展的各种营销活动,都可称为网络整合营销。

2. 网络营销的特点

网络营销的特点包括:①体现网络营销的生态思维。网络营销以互联网为技术基础,但连接的不仅是电脑和其他智能设备,更重要的是建立了企业与用户及公众的连接。连接成为网络营销的基础。②突出网络营销中人的核心地位。通过互联网建立的社会关系网络核心是人,人是网络营销的核心,一切以人为出发点,而不是网络技术、设备、程序。③强调网络营销的顾客价值。为顾客创造价值是网络营销的出发点和目标,网络营销是一个以顾客为核心的价值关系网络。④延续网络营销活动的系统性。网络营销的内容包括规划、实施及运营管理等全部过程,网络营销的系统性是经过长期实践检验的基本原则之一。

3. 网络营销的职能

网络营销的推广与发展与其职能有着密切联系,网络营销主要有以下八大职能。

(1)网络品牌。建立并推荐企业的网络品牌是网络营销的主要职能,企业在互联网上确立网络品牌,不仅能塑造企业的网络形象,更能对线下既有品牌产生良性影响。互联网的沟通和传播方式能更多、更快、更好、更经济地扩大企业的知名度,提高企业的整体形象。在一定程度上说,网络品牌的价值甚至高于通过网络获得的直接收益。

(2)网址推广。大部分企业都把网址推广当作网络营销的重要职能之一,企业网站是网络营销的基础,企业首先要建立自己的网站,并让客户发现自己的网站。

(3)发布信息。任何营销方式都是希望把信息发布给顾客,网络营销要通过企业网站发布的不仅是产品的文字和图片信息,还要发布产品的视频和音频信息。

(4)销售促进。营销的最终目的就是促进销售,网络营销不仅能促进在线的销售,而且也能增加线下销售。

(5)销售渠道。一般销售型的企业网站可以完成在线销售,网上的销售渠道还包括通过第三方电子商务平台开设网店,特别是对于一些没有销售功能的企业网站,第三方电子商务平台是一种有效的销售模式。

(6)顾客服务。网上的在线服务手段比传统的营销手段更方便,不仅能在企业网站上提供问题列表和解答客户的各种问题,还可以通过各种聊天工具和论坛、聊天室、社交网络提高顾客的服务质量。

(7)客户关系。商家为达到其经营目标,主动与客户建立起一定程度的联系。商家建立完善的用户档案,包括用户的基本信息、兴趣喜好、与商家的交易管理、消费信息、售后服务记录等一系列的信息,并进一步分析客户的购买偏好,实现精准营销。

(8)网上调研。在网站上通过有奖问答、各种免费试用、用户参与信息反馈等多种形式获取收集用户对商家营销策略、产品质量、服务满意度的信息。

4. 网络营销的方式

（1）搜索引擎营销。搜索引擎营销就是基于搜索引擎平台的网络营销，利用人们对搜索引擎的依赖和使用习惯，在人们检索信息的时候将信息传递给目标用户。搜索引擎营销的基本思想是让用户发现信息，并通过点击进入网页，进一步了解所需要的信息。企业通过搜索引擎付费推广，让用户可以直接与公司客服进行交流并实现交易。

（2）搜索引擎优化。在了解搜索引擎自然排名算法和机制的基础上，使用网站内及网站外的优化手段，提高网站在搜索引擎的关键词排名，从而获得流量，进而产生直接销售或建立网络品牌。

（3）电子邮件营销。以订阅的方式将行业及产品信息通过电子邮件的方式提供给所需要的用户，以此建立与用户之间的沟通联系与信任关系。

（4）即时通信营销。即利用互联网即时聊天工具进行推广宣传的营销方式。例如：QQ、微信等即时通信手段。

（5）病毒式营销。病毒营销模式来自网络营销，利用用户口碑相传的原理，在用户之间自发进行，是一种对于商家费用较低的营销手段。

（6）视频营销。以创意视频的方式将产品信息移入视频短片中，以内容为核心、创意为导向，利用精细策划的视频内容实现产品营销与品牌传播的目的；是视频和互联网的结合，具备二者的优点。

（7）软文营销。软文广告是由企业的市场策划人员或广告公司的文案人员来负责撰写的文字广告，是一种有力的网络营销手段。

（8）体验式微营销。即以用户体验为主，以移动互联网为主要沟通平台，配合传统网络媒体和大众媒体，通过有策略、可管理、持续性的O2O线上线下互动沟通，建立和转化、强化顾客关系，实现客户价值的一系列过程。体验式微营销站在消费者的感官、情感、思考、行动、关联五个方面，重新定义、设计营销的思考方式。

（9）O2O立体营销。基于线上（Online）、线下（Offline）全媒体深度整合营销，以提升品牌价值转化为导向，运用移动化信息系统帮助品牌企业打造全方位、立体化的营销网络，并根据市场大数据分析制定出一整套完善的多维度互动营销模式。

（10）自媒体营销。自媒体营销亦称社会化营销，是利用社会化网络，利用短视频、博客、微信、在线社区、贴吧等媒体开放平台或者其他互联网协作平台媒体来进行营销。

（11）新媒体营销。当前出现了一些利用自媒体平台、视频类平台、社交类平台、问答类平台等新媒体平台进行营销的模式。新媒体营销并不是通过单一渠道进行的营销，而是需要多种渠道的整合营销，甚至在营销资金充裕的情况下，可以与传统营销媒介相结合，形成全方位立体式营销。

5. 营销模式的创新

（1）IP营销。IP是Intellectual Property的缩写，指"知识财产"，包括音乐、文学和其他艺术作品，发现与发明，以及一切倾注了作者心智的词语、短语、符号和设计等被法律赋予独享权利的知识财产。IP也可以理解为是能够仅凭自身的吸引力，挣脱单一平台的束缚，在多个平台上获得流量，是一种"潜在资

文具跨界成为
销售新动力

产"。IP营销的商业逻辑是:品牌通过人格代理持续产出优质内容来输出价值观,通过价值观来聚拢粉丝,粉丝认可了价值观,实现了身份认同和角色认可,然后就会信任其产品。同时IP营销也是具有话题性和传播性的,具有庞大的粉丝基础和市场,是一种可以产生裂变传播的新型营销方式,这种营销方式对于快消品企业来说,也有一定的参考作用。

你还觉得地推只是发发传单?难怪你无法找到精准用户!

（2）事件营销。其利用有新闻价值、社会影响以及名人效应的人物或事件,通过策划、组织等技巧来吸引媒体和消费者的兴趣和关注。主要是为了提高企业产品、服务的认知度和美誉度,建立品牌和树立企业的良好形象。

（3）口碑营销。在信息爆炸、媒体泛滥、资讯快速更替的时代,消费者对广告、新闻等资讯都具有极强的免疫力。要想吸引大众的关注与讨论,就需要创造新颖的口碑传播内容。

（4）饥饿营销。在市场竞争不充分、消费者心态不够成熟、产品综合竞争力和不可替代性较强的情况下,饥饿营销能较好地发挥作用。饥饿营销可以有效提升产品销售,并为未来大量销售奠定客户基础,未来对品牌产生高额的附加价值,从而为品牌树立起高价值的形象。

（5）知识营销。知识营销是指通过有效的传播方法和合适的传播渠道,将企业所拥有的对用户有价值的知识传递给潜在用户。包括产品知识、专业研究成果、经营理念、管理思想和优秀的企业文化等。知识营销最基本的核心就是:要让用户在消费的同时学到新的知识。

（6）互动营销。互动营销需要抓住买卖双方的利益共同点,找到其中巧妙的沟通时间和方法,将彼此紧密连接在一起,是一种双方共同采取的行为。互动营销最大的好处就是可以促进消费者重复购买,有效地支撑销售。了解消费者的真正痛点、建立长期的客户忠诚、实现顾客利益最大化。

（7）情感营销。消费者购买商品时所看中的不只是商品质量、价格这些基本因素,更多的时候是一种情感上的满足,一种心理上的认同。通过借助情感包装、情感促销、情感广告、情感口碑、情感设计等策略来实现企业的营销目标。其最终的目的就是引起消费者的共鸣,为企业品牌建立一种更加立体化的形象。

课后习题和参考答案

3　创业项目计划书与路演

　　虽然某些创业者主观上并不重视项目计划书的撰写工作,认为项目计划书已经与时代发展模式脱轨。但是自中国加入世贸组织以来,项目计划书逐渐成为企业获得融资不可缺少的文件之一。对于资金短缺的现代企业而言,项目计划书被视为协助现代企业突破发展瓶颈的有效媒介。各行各业开始对项目计划书逐步进行深入研究,从开始的格式方面的研究到语言写作及内容的研究,项目计划书越来越重要。同时,项目计划书的编制与撰写成为高校学生开展创新创业项目活动面临的首要问题。因此,学习如何编写项目计划书,为高校学生开展有效的职业规划,提高其实践能力、学习能力等综合能力,对其今后在激烈的社会竞争中获胜均非常重要。

3.1　项目计划书的作用和分类

课件

3.1.1　项目计划书的基本作用

　　对于任何一项工作而言,最佳效率的取得对规划表现出强烈的依赖。正因如此,项目计划书撰写工作的开展就显得尤为重要,被撰写的项目计划书可以协助创业者全面地思索与新创立企业发展相关的多样化因素。当创业者有意识将一个商机转型为一个完整的商业计划之时,就应该做出深入思考,对后期可能遇到的状况进行科学预测,在此基础上进行规划。项目计划书的撰写是一项带有系统性、创新性以及复合性等多样化特征的工作。新创意经常在撰写过程中迸发出来,可能会使初始阶段前景并不明朗的商业机会彰显出巨大的发展潜力。此外,在项目计划书撰写的过程中创业团队主动思索影响企业发展的各个因素,强化部分重要目标与相关事宜之间的统一性。

　　由此可见,项目计划书撰写价值之一为协助创业团队梳理创业思路,对企业发展蓝图有一个大概的构想,强化各类资源配置的优良性。项目计划书撰写的另一价值体现在强化创作者精神高度方面。这主要是因为其可以凝结团队成员的个体思维。项目计划书可以被视为检测书写者创新能力以及逻辑思维能力的有效途径。在现实中,部分创业思路听起来思路是清晰的,并具有一定的感染力,但是相关人员若是将细节与各类数据书写下来,就会很容易陷入困境,感受到创业活动和自体目标、期望值之间的悬殊性。那么在这样的局势中,创业团队丧失创设新兴企业的念想也是正确的决策,也可以被视为一种"成功",其与瑞士军事理论家菲米尼的观点达成一致,即"一次良好的撤退,应和一次伟大的胜利一样受到奖赏"。创办新兴企业仿佛是一场战役,创业者绝不能一条道走到黑,在无计可施之时应该主动转向,对运行模式进行整顿,借助另一种渠道达到获得预期成效的目标,这种应变策略的产出在协助创业团队达到目标上体现出巨大的应用价值。从这一角度分析,要达到辨识项目计划书"真面孔"的目标,侧重点在于对项目计划书构建全程的深度探索。

一份高质量项目计划书撰写任务的完成通常需要耗费数日或数个星期开展市场调研工作,这样创业者才能够认清当前市场发展模式,科学而理性地评判创办企业的运行效益。项目计划书涵盖内容是多样化的,常见的有产业分析、市场分析与财务分析等。以上述内容为依托,创业者能够整体性、透彻性地审视企业预期成效和现实状况之间存在的差异性。项目计划书的撰写使目标被量化,为创业者预见与现实成绩的产出提供可衡量的凭据。项目计划书与新企业多样化内容之间存在关联性,所以有疏漏现象出现在所难免,其作为企业"自荐"文件,外部读者有对其阅读与评价的权利,企业发展战略规划可得到更为客观的指导,在强化计划书可执行性方面体现出巨大的应用价值。一份优质的项目计划书,可以被视为促进企业和外部投资者思想交流的枢纽,也是整合企业职员思想,合力朝着新企业预期目标前行的指南。由此可见,项目计划书的撰写体现了创业者对时间与金钱最佳投资的行为方式。

3.1.2　撰写项目计划书的基本目的

1. 达到企业融资的目的

一个好的项目计划书是获得贷款和投资的关键因素之一。一份高质量且内容丰富的项目计划书,将会使投资者更快、更有效地了解投资项目,将会使投资者对项目充满信心,并投资参与该项目,最终达到为项目筹集资金的作用。项目计划书是争取项目融资投资的敲门砖。投资者每天会接收到很多项目计划书,项目计划书的质量和专业性就成为企业需求投资的关键点。企业家在争取获得风险投资之初,首先应该将项目计划书的撰写列为头等大事。

2. 全面了解自己的企业

通过撰写相应的项目计划书,企业家会对自己的企业有一个全面的了解,可以更好地帮助企业分析目标客户、规划市场范畴、形成定价策略,并对竞争性的环境做出界定,在其中开展业务以求成功。项目计划书的撰写保证了全面系统考虑并协调一致。同样地,在撰写过程中往往能够发展颇具竞争力的优势,或是发现计划书本身所蕴藏的新机遇或是不足。只要将计划书付诸于纸上,就能提高管理企业的能力。企业家也可以集中精力,在情况恶化之前纠正计划书中出现的任何偏差。同样,企业家将有足够的时间为未来做打算,做到防患未然。

3. 向合作伙伴提供信息

使用项目计划书,为业务合作伙伴和其他相关机构提供信息。在撰写计划书过程中,最重要的目的是找到一个战略合作伙伴,以期待企业更加充满活力,达到多方的共同发展。一份高质量的项目计划书,既是与外部投资者沟通的桥梁和媒介,又是统一企业员工思想,齐心协力沿着新企业发展目标前进的路标。可见,项目计划书的撰写是"创业者对时间和金钱的绝佳投资"。

3.1.3　项目计划书的基本分类

项目计划书最大的功能体现为阐述和模拟创设企业有关的内外部环境条件与要素特点,

为业务运转发挥导向作用,可以被视为衡量准备创设的企业业务运行状况的凭据。一般情况下,项目计划书为市场营销、财务、制造、人力资源等职能规划的整合体。一份内容完整的项目计划书涉及创业者的志向与爱好,内容包括创设公司的商业机遇、公司规划的发展模式、所需资源、风险与预计收益等。项目计划书可分为四类,即微型计划书、工作计划书、提交计划书及电子计划书。

1. 微型计划书

可以有把握地说,几乎每个商业理念都起始于某种微型计划。微型计划篇幅不限,应当包括的关键内容有商业理念、需求、市场营销计划以及财务报表等,特别是现金流动、收入预测以及资产负债表。微型计划是迅速检验商业理念或权衡潜在的合作伙伴价值的最佳途径。它也可以为以后拟订长篇计划提供有价值的参考。微型计划书可以被看作项目计划书的浓缩和提炼,对于吸引投资人眼球、提高融资效率有很大影响。

2. 工作计划书

工作计划书是运作企业的工具,利用较长篇幅处理细节,叙述应简洁。作为给内部人员使用的指导性文件,工作计划书不必纠结于排版、装订等方面,但在事实和数据方面的内在统一对工作计划书和其他外向计划书同样重要。

3. 提交计划书

提交计划书与工作计划书有几乎相同的信息量,但在风格上有些不同。除用语要求有所不同之外,提交计划书还应包括一些投资人所需要的关于所有竞争压力与风险的附加内容。

4. 电子计划书

在计算机应用普及的今天,电子版项目计划书以其速度快、传送便捷、形式直观、成本低廉的优势得到了广泛应用。但电子计划书更易复制和传播,不利于有关信息的保密,因此也不能完全替代纸张式计划书。

3.2 项目计划书的主要内容

3.2.1 项目计划书的结构

不同产业的项目计划书形式有所不同。但是,从总的结构方面看,所有的项目计划书都应该包括摘要、主体(正文)、附录三个部分。其中,摘要部分是对整个项目计划书最高度的概括;主体部分是整个项目计划书的核心;附录部分是对主体的补充。

1. 摘要

摘要是整个项目计划的"凤头",是对整个计划书的最高度的概括。摘要部分的作用是以最精练的语言、最有吸引力和冲击力的方式突出重点,一下子抓住投资者的心。摘要部分是引路人,把投资者引入文章的主题。从某种程度上说,投资者是否中意你的项目,主要取决于摘要部分。可以说,没有好的摘要,就没有投资。

2. 主体(正文)

正文主体是整个项目计划书的核心。主体部分要内容翔实,在有限的篇幅之内充分展示要说的全部内容,让投资者知道他想知道的全部东西。主体的功能是最终说服投资者,使他们充分相信这是一个值得投资的好项目,以及项目有能力让他们的投资产生最佳的投资回报。

主体部分的顺序一般包括:①公司介绍。主要介绍企业的一些基本情况,如项目或公司服务及业务简介;发展规划以及发展策略、财务情况、产品或服务的基本情况等。②产业分析。主要介绍企业所归属的产业领域的基本情况,企业在整个产业或行业中的地位。③市场与竞争分析。主要介绍产品或服务的市场情况。包括市场现状、市场前景、目标市场、市场营销策略或商业模式阐述,在市场竞争中的位置、竞争对手的情况、未来市场的发展趋势等。④企业的经营与运营分析。主要介绍经营场所的基本情况、企业的主要设施和设备、生产工艺基本情况、生产力和生产率的基本情况,以及生产组织、质量控制、组织管理、人事管理、资源管理、售后服务、研究和发展等内容。⑤营销。主要介绍市场营销策略、企业的销售队伍的基本情况、销售结构等内容。⑥企业的管理。主要介绍管理理念、管理结构、管理方式、主要管理人员的基本情况、顾问队伍的基本情况等。⑦财务分析。主要介绍企业财务管理的基本情况。对现在正在运行的企业需要过去三年的财务报表、现金流量表、损益表等。还要介绍申请资金的用途。具体如下:项目资金来源;项目资金使用;经营收入与成本预算;利润与分配测算;财务报表预测与分析;财务风险管控等。⑧企业的发展计划。主要介绍企业的发展目标、发展策略、发展计划、实施步骤,以及风险因素的分析等。⑨撤出计划。主要告诉投资者如何收回投资,什么时间收回投资,大约有多少回报率等情况。⑩风险分析。主要包括:风险识别;风险防范及措施;风险资本退出等。

3. 附录

附录是对主体部分的补充。它的功能是提供更多、更详细的补充信息,完成主体部分中言有未尽的内容。由于篇幅的限制,有些内容不宜在主体部分过多描述。把那些言犹未尽的内容或需要提供参考资料的内容,放在附录部分,供投资者阅读时参考。

3.2.2 项目计划书提纲

本书提供一个项目计划书提纲模板,供读者参考。不同的项目可根据情况进行适当调整。该提纲主要包括七章正文和附录,具体如下:

第一章项目摘要(后续各章节的总结和提炼),包括:1.1 项目或企业背景;1.2 项目或企业规划;1.3 市场分析;1.4 行业竞争分析;1.5 组织与人事分析;1.6 财务分析;1.7 风险分析。

第二章项目或公司简介,包括:2.1 项目或公司概述;2.2 项目或公司服务及业务简介;2.3 发展规划。

第三章市场与竞争分析,包括:3.1 市场现状;3.2 市场前景;3.3 目标市场;3.4 市场营销策略或商业模式阐述;3.5 竞争分析。

第四章运营分析,包括:4.1 生产组织;4.2 质量控制;4.3 组织管理;4.4 人事管理;4.5 资源管理。

第五章财务分析,包括:5.1 投融资分析;5.2 财务预算;5.3 财务分析。

第六章风险分析,包括:6.1 风险识别;6.2 风险防范及措施;6.3 风险资本退出。

第七章团队介绍。

附录:各类附件证明材料。

3.3 项目计划书的基本要求与注意事项

项目计划书样例 1

3.3.1 项目计划书的基本要求

1. 言简意赅,论述清晰

阅读项目计划书的群体通常将时间视为最宝贵的财富,其可能在不经意间对计划书创编者做出的相关内容进行评判。所以,计划书中的摘要应该带有一定的魅力,从而能够吸引投资者眼球。通常情况下,计划书阅览者在极短的时间捕获实施摘要中新企业面貌以后,若认为计划具有可执行与可拓展性特征,那么其继续阅读的兴致就被激发出来。企业计划书中的实施摘要可以被比作个体的面容,而封面、目录及企业名称可以被视为个体五官,首先映入阅读者眼帘的是后者,五官是否被装饰得美观得体,直接关系到阅读者对项目计划书质量的"首要印象"。所以,撰写实施摘要之时应该力争做到言简意赅,论述透彻。

2. 排版规整,装订美观

项目计划书内的封面、目录、实施摘要、附录、图表等部分要求具备合理性、美观性与整洁性,这与阅读者对项目计划书初始评价效果之间存在密切的关联性。换句话说,排版、装订印刷均应该体现出精细性特征,只用订书器装订的项目计划书看起来随意性更为显著,会使阅读者产生计划书撰写者不重视计划书撰写工作的想法。所以项目计划书撰写的基础准则之一为排版规整,装订美观。

3. 言辞应该切合实际

高质量的项目计划书应该凭借客观的内容引领投资者思想,强化其与创业团队之间思想的匹配性。也就是说项目计划书应该具有一定的感染力,紧靠企业发展实况,避免出现天马行空的现象。若计划书中陈述的内容过度乐观或预期目标过大,将会降低其自身的信度系数。企业营销潜力、收入预测估算、增长潜力均应该与现实情况贴近。最优质的或最劣质的方案均应该在项目计划书内呈现出来。现实中,部分风险投资者经常应用一类"计划折扣系数",主观地认为获得成功的新企业一般只会实现其规划财务目标的 50%左右。所以相关人员在项目计划书撰写过程中,应该秉持脚踏实地准则,切忌夸大事实。

4. 彰显关键风险因素

阐述新企业在运转进程中有很大概率遇到的关键风险因素,其为项目计划书内不可或缺的成分,上述内容为投资者与银行家关注的焦点。辨识与探究新企业中存在的风险,可以间接地体现出创业者的整体素养,强化投资者对创业者团队的信任度。积极指出并探究风险,能够向投资者证明其有一定的能力管控与应对这类风险,从而达到协助项目投资者消除疑虑的目标。所以在对项目计划书撰写的过程中,阐述创业者对危机处理能力是极为必要的,这样能使投资者洞察到创业者团队具有管控相关风险能力的信息。项目计划书内只有清晰地表述新企业后续发展问题,编制应急或变通规划,才能得到源于投资者和银行家的肯定。

5. 彰显优秀创业团队信号

撰写项目计划书为企业内部管理的一部分,其运行的目的之一为使投资者接收到创业团队具备一定管理能力与资源合并能力的信息,而这类信息是其迫切需要的资源。风险投资者存在一种共识,即宁可投资产品创意薄弱、创业团队强的项目,也不愿投资产品创意强、创业团队薄弱的项目。所以,创业者在构建创业队伍之时,要分析团队成员的整体能力、生活阅历、教育背景、志向、爱好与品德等因素,从而使投资者看到创业团队的热情、专业性、人脉资源的宽广性、创新能力的高超性以及优势互补等信号。

6. 数据精准,可操作性强

项目计划书中不能用过多的形容词表达企业自身和竞争对手的好坏,应该用精准的数据表达。例如:企业占地面积、员工数量、预计销量、销售额等,这种量化的数据让人易于清晰地理解项目计划书本身的价值并预判是否能够实现。精确的设备数量、所需金额,流动资金,以及这些数据对应设备是否能满足预计销量的需求,人员安排能否完成销售任务所需产量,如何促销,如何针对目标顾客满足他们的需求,这些都要在计划书中客观体现,计划书的可操作性就有一定保证。

3.3.2　项目计划书的注意事项

1. 撰写项目计划书的误区

创业者缺乏对项目计划书的重视。创业者在进行创业融资行为时,将更多的精力和时间投入到资金、关系和资源上,而对于项目计划书的重要性、所能够起到的作用,以及在融资过程中具有的说服力和吸引力,缺乏一定的了解。撰写要素上的缺失、结构框架上的混乱、内容的不明确和不真实,都使得许多对项目感兴趣的投资人,因为不能够全面了解项目现状和未来发展情况,而放弃投资意愿。

许多创业者的项目计划书中,创业项目的未来发展前景篇幅很长,用盲目乐观的心态和虚假的描述,为投资人构建出可以实现经济利益的项目市场。而在事实上,在撰写内容上存在着对其他公司分析报告的抄袭,以及为投资人营造虚假市场前景的行为。在项目计划书中,针对同类型项目公司的对比分析,不能够全面、准确、真实地进行,对同类项目公司的运营和产品,缺少详细的了解,一味地想要展示自身优势,缺乏真实性。投资人在看到项目计划书之后,会针对项目的产品、技术等进行提问，希望更加深入地了解项目。而现实中，许多创业者由于资金和人员的限制，没有实际的产品和技术可以展示，并且期望在得到融资之后，再进行项目的开发和研制。因此在撰写项目计划书时，只将理念和构思进行阐述，缺少说服力和真实性，在产品和技术展示方面存在滞后性。并且项目成本预算和估值也存在缺陷，仅对项目的人员、硬件和设备进行了预算，但在项目的市场运营、流量获取等因素上，没有明确详细的成本预算。

2. 撰写项目计划书的建议

项目计划书能够将创业项目的现状和发展前景，更加直观地向投资人进行展示。投资人通过项目计划书要点、结构以及内容，理解创业者所能够带来的经济效益和社会价值，从而决定融资行为，是创业融资的重要保障和必要环节。

（1）了解项目计划书的撰写要点

项目计划书不仅能够帮助创业企业和组织达到融资目的，还能够让创业者充分了解自身优势和不足，因此要加强对项目计划书的重视。

想要使项目计划书能够成功地吸引风险投资公司的注意，就要在撰写前，做好充分、详细的准备。将项目计划书的篇幅控制在30~40页，简明扼要，结构和条理清晰，保证内容上的完整。在优秀的项目计划书中创业项目的商业机会、发展前景、资金和资源需求、风险以及预期的经济回报信息，都是撰写前的必要信息。通过对要点信息数据的整理和分析，完善创新项目计划书的内容。加强市场调研模块的构建，避免出现创意和理念缺乏真实性的状况。站在风险投资公司和投资人的角度，在为投资人提供有效信息的同时，还能够更加透彻地审视自身，为今后的项目发展提供帮助。

（2）明确项目计划书的撰写内容

在面对风险投资公司和投资人时，要详细了解创业项目的市场份额、客户群体以及未来发展情况，用客观的角度审视项目发展前景，让投资人能够了解项目优势和发展。在撰写内容上，可以借鉴其他同类公司的市场分析报告，但切记背书和抄袭。要针对自身项目特点和企业优势，研究和制定具有企业特色的分析报告。在进行融资之前，要将创业项目的产品和技术进行研发，保证产品、技术和理念的真实性，展示创业团队能力，提高企业项目的可信度，促进融资的实现。在项目计划书中，要详尽地预算项目的成本，对项目的人员、硬件、办公，以及运营等环节，要详细地评估并进行预算，明确项目的成本指标，为投资人提供可靠的信息数据参考。具体需要做的工作如下：

①关注产品。在项目计划书中，应提供所有与企业的产品或服务有关的细节，包括企业所实施的所有调查。这些问题包括：产品正处于什么样的发展阶段？它的独特性怎样？企业分销产品的方法是什么？谁会使用企业的产品，为什么？产品的生产成本是多少，售价是多少？企业发展新的现代化产品的计划是什么？把投资者拉到企业的产品或服务中来，这样投资者就会和风险企业家一样对产品有兴趣。

②敢于竞争。在项目计划书中，风险企业家应细致分析竞争对手的情况。竞争对手都是谁？他们的产品是如何工作的？竞争对手的产品与本企业的产品相比，有哪些相同点和不同点？竞争对手所采用的营销策略是什么？要明确每个竞争者的销售额、毛利润、收入以及市场份额，然后再讨论本企业相对于每个竞争者所具有的竞争优势。要向投资者展示顾客偏爱本企业的原因，如本企业的产品质量好、送货迅速、定位适中、价格合适等。项目计划书要使它的

读者相信,本企业不仅是行业中的有力竞争者,而且将来还会是确定行业标准的领先者。在项目计划书中,企业家还应阐明竞争者给本企业带来的风险以及本企业所采取的对策。

③了解市场。项目计划书要给投资者提供企业对目标市场的深入分析和理解。要细致分析经济、地理、职业以及心理等因素对消费者选择购买本企业产品这一行为的影响,以及各个因素所起的作用。项目计划书中还应包括一个主要的营销计划,计划中应列出本企业打算开展广告、促销以及公共关系活动的地区,明确每一项活动的预算和收益。项目计划书中还应简述一下企业的销售战略:企业是使用外面的销售代表还是使用内部职员?企业是使用转卖商、分销商还是特许商?企业将提供何种类型的销售培训?此外,项目计划书还应特别关注一下销售中的细节问题。

④表明行动的方针。企业的行动计划应该是无懈可击的。项目计划书中应该明确下列问题:企业如何把产品推向市场?如何设计生产线,如何组装产品?企业生产需要哪些原料?企业拥有哪些生产资源,还需要什么生产资源?生产和设备的成本是多少?企业是买设备还是租设备?解释与产品组装、储存以及发送有关的固定成本和变动成本的情况。

⑤展示管理队伍。把一个思想转化为一个成功的风险企业,其关键的因素就是要有一支强有力的管理队伍。这支队伍的成员必须有较高的专业技术知识、管理才能和多年工作经验,要给投资者这样一种感觉:看,这支队伍里都有谁!如果这个公司是一支足球队的话,他们就会一直杀入世界杯决赛!管理者的职能就是计划、组织、控制和指导公司实现目标。在项目计划书中,应首先描述一下整个管理队伍及其职责,然后再分别介绍每位管理人员的特殊才能、特点和造诣,细致描述每个管理者将对公司所做的贡献。项目计划书中还应明确管理目标以及组织机构图。

⑥出色的计划摘要。项目计划书中的计划摘要也十分重要。它必须能让读者有兴趣并渴望得到更多的信息,才能给读者留下长久的印象。计划摘要将是风险企业家所写的最后一部分内容,但却是投资者首先要看的内容。它将从计划中摘录出与筹集资金最相关的细节:包括公司内部的基本情况、公司的能力以及局限性、公司的竞争对手、公司的营销和财务战略、公司的管理队伍等情况。如果公司是一本书,它就像是这本书的封面,做得好就可以把投资者吸引住。它给风险投资者这样的印象:"这个公司将会成为行业中的巨人,我已等不及要去阅读计划的其余部分了。"

⑦周详的退身之路。无论投资最后结局如何,风险投资者都会十分关心这一问题:很明显,如果投资效果不好,他们也想收回投资;即使投资效果很好,他们也不愿意在公司长时间拥有产权,迟早他们要撤出投资。每一个风险投资者的既定目标都是要把原投资变为可周转的银行现金。因此,在计划书中,必须明确指出他们的退身之路。比如:公司股票上市,股权转让、回购等退身措施。

3.4　路演

项目计划书样例2

路演不一定是每个创业者的必经之路,但这是需要了解的一部分。当企业需要融资,项目需要让更多的人知道的时候,路演就不失为一个可以运用的手段。路演同样是创业者自我修炼、自我成长的契机,善于把握机会、拥抱机会也是一种能力。

3.4.1　常见的路演模式

路演是信息的传递过程,是在公共场所进行演说、演示产品、推介理念,并向他人推广自己的公司、团队、产品、想法的一种方式。路演的核心环节就是演讲环节和问答环节。这两个环节一般有严格的时间规定,有的是5+5分钟、7+3分钟,也有1分钟介绍、后面几分钟提问的形式。总之,创业者需要在非常有限的时间内阐述清楚自己的创意和产品,并回答一些来自评委或投资者的问题。目前,大学生常见的路演模式有比赛路演和商业路演两类,根据创业者项目的成熟度、需要和目标来匹配相应模式的路演。

1.比赛路演

比赛路演,顾名思义,就是以比赛的形式进行路演。比赛路演,特别是高校的路演,核心的目的是通过比赛的形式促进参赛者对创业的认识和行动,从而鼓励更多的人积极创新、勇于创新,拥有创业的自信力。通常比赛路演会对参赛者的各个方面进行比较详细的规定。除了现场路演的比赛规则以外,对于参赛提交的文案有更详细的要求。例如,提交文案的模板、字号、内容基本要求、页数等。这样的要求旨在对参赛者基本的认知进行统一,也会使参赛者在创新创业类比赛的起步水平保持一定的水准,其指导性、学习性更强一些。特别是省市级、行业级别的赛事,为了起到宣传示范作用,会有媒体网络的介入,那么对路演的可观看性要求会更高。在展示方面对选手的现场表现、评分环节的设计都会有更多的要求,着眼点会有所不同。当然,很多赛事也会结合融资,诱发更长远的商业行为,但比赛路演相比商业路演而言,更重要的笔墨是在展示宣传和推广上面。

2.商业路演

商业路演,即用于商业行为的路演,其主要目的是促进投资者与创业者的对接。目前市面上主要有两类商业路演。(1)开放式商业路演。对于观众而言是开放的,组织者欢迎各种有兴趣观看的人参与。对于路演的人来说,面对的观众人群比较复杂,参加路演的门槛比较低,可以尝试多次路演进行磨炼。(2)封闭式商业路演。对于观众不是随意开放的,观众都是定向邀请的,多是投资界的专业人士或对路演项目有投资意向的人士。参加路演的创业者,也是有组织地被筛选出来的,并会按照既定的规则进行展演、交流等。相对于开放式路演而言,这种类型对项目和观演的人员的要求会更高一些,投融资的目的性更强一些。

3.4.2　路演的准备

1.内容准备

(1)关注投资者视角。在内容准备上要多关注投资者或评委的视角,了解投资者或评委的视角关注点并力求能满足观众的诉求,投资者的关注点如下:项目的可行性,发起人与团队对项目的掌控力,商业模式是否清晰,项目目前执行进度,可能存在的风险,项目在市场上的发展空间,项目可衍生的成长空间。

(2)符合投资阶段和考核角度。投资者的投资目标精准,有自己关注的领域和阶段,对不同的阶段有不同的考核角度。因此,创业企业在不同的发展阶段应接洽不同阶段的投资者,对路演的内容也要进行相应的准备,这样自然能与投资者顺利对接。①天使投资看"人"。主要看团队核心成员的个人能力。企业初创期,对核心领导人员的领导力、管理能力、方向把控力、市场洞察力等依赖性更强,唯有核心成员的能力是可以衡量的主要不变因素。②A 轮看项目潜力。当项目启动 1~2 年,商业模式基本打磨成形,在尝试运作模式有所成效的时候,主要看项目是否还有发展的潜力,投资者会有通过项目发展潜力评估退出的可能性。③B 轮看数据。当项目运作并开始有市场收益的时候,会积累大量的数据,特别是获客情况、市场反馈、转化效果、利润情况等,这些都是可以有力地说明产品的优势和市场前景的。④C 轮看规模。当项目开始盈利并且进入产品发展期、开始进入成熟期、开始布局生态的时候,是否有潜在的规模能力是这个阶段投资者的主要关注点。

(3)遵循 3C 原则。对路演展示的时间进行严格规定。在有限的时间内力求遵循 3C 原则,能达到让听众易于理解、易于吸收的目的。3C 指的是清晰(Clear)、简洁(Concise)、能激发兴趣(Compelling)。

(4)路演加分项。展示业绩,用数据说话;已经有一次融资(天使融资即可);有 1~3 年的历史数据;曾在其他赛事中获奖;团队差异化互补,且其他股东成员有较高的成就或较强的专业能力;有较高的技术壁垒,不可复制性强;有较高的战略格局。

(5)路演失分项。路演主讲人为非核心人员;内容假大空,战略太多,执行数据过少;顶撞评委;项目商业模式不清晰;主讲人气场不足;对评委所提问题回答得不明确或令人不满意。

2. 提问准备

路演展示后一般是提问环节。投资者或评委的提问主要集中在以下几个方面。投资者的问题关注点应该是对展示时表达不清楚的问题的进一步探寻,或者是深一层次的追问和明确。主要包括:公司运营方面、产品或服务、市场推广拓展规划、财务情况以及风险评估等。

3. 演示文稿准备

随着产品发布和专题演讲、电视路演等形式的频繁出现,演示文稿的设计和制作也更趋于专业化。一个精心制作的演示文稿不仅可以展现演讲者的专业和用心、品位和自信,更能有效地在最短的时间内达到建立关系、激发听众兴趣,最后拿到融资的目标。

4. 路演的准备

反复彩排应该是路演准备中最重要的环节了。根据规定的时间、既定的流程进行反复练习,确保展示的效果和连贯性。语气、节奏、音调的设计和练习都会为现场路演效果加分。了解路演现场的情况和周边的交通状况,必要的话提前几天抵达会场进行演练。服装整洁,不管是西装革履,还是商务休闲,一定要整洁庄重,以示专业。提前15 分钟抵达,确保资料提交完整,把计算机、投影仪等设备调试到位,以免影响路演。可以将路演材料提前打印出来并分发给观众,一方面方便阅读,另一方面当设备万一有问题时,还可以用材料补救。

课后习题和参考答案

4 电子商务的商业模式

4.1 商业模式

课件

4.1.1 商业模式的认知

随着电子商务相关领域的研究在全球兴起,一些学者开始从商业模式的角度对电子商务进行分析,而有远见的企业也在开展自己的电子商务商业模式,以使自己在激烈的竞争中占据优势地位。

1. 商业模式的定义

商业模式(Business Model)是一个系统,是企业价值创造、传递价值和获取价值的基本逻辑和基本原理,是连接战略与实施的纽带,简而言之就是企业赚取利润的工具。商业模式是指为实现客户价值最大化,把能使企业运行的内外各要素整合起来,形成一个完整的高效率的具有独特核心竞争力的运行系统,并通过最优实现形式满足客户需求、实现客户价值,同时使系统达成持续盈利目标的整体解决方案。商业模式是一种包含了一系列要素及其关系的概念性工具,用以阐明某个特定实体的商业逻辑。它描述了公司所能为客户提供的价值以及公司的内部结构、合作伙伴网络和关系资本等用以实现(创造、营销和交付)这一价值并产生可持续盈利收入的要素。

2. 商业模式的构成要素

商业模式的构成要素包括:①价值主张(Value Proposition):企业通过其产品和服务所能向消费者提供的价值。价值主张确认了企业对消费者的实用意义。②目标客户(Target Customer):公司所瞄准的消费者群体。这些群体具有某些共性,从而使公司能够(针对这些共性)创造价值。定义消费者群体的过程也被称为市场划分(Market Segmentation)。③分销渠道(Distribution Channels):公司用来接触消费者的各种途径。这里阐述了公司如何开拓市场。它涉及公司的市场和分销策略。④客户关系(Customer Relationships):公司同其消费者群体之间所建立的联系。⑤资源配置(Resource Configurations):资源和活动的配置。⑥核心能力(Core Capabilities):公司执行其商业模式所需的能力和资格。⑦合作伙伴(Cooperation Partner):公司同其他公司之间为有效地提供价值并实现商业化而形成的合作关系网络,这也描述了公司的商业联盟(Business Alliances)范围。⑧成本结构(Cost Structure):所使用的工具和方法的货币描述。⑨盈利模式(Profit Mode):公司通过各种收入流(Revenue Flow)来创造财富的途径,也称收入模型。

这些要素不仅要以具体的形式表现出来,各要素之间还要相互作用,形成企业商业模式的具体形态,如图4.1所示。各要素发挥作用,相互间产生关系,要在一定的动力机制下运行,这种机制可以体现为竞争战略及相关制度,如怎样激励员工的制度等。不过商业模式各构成要素及其关系和动力机制实际上不是一成不变的,而是动态演化的。商业模式要实施了才能实现其价值。一个好的商业模式可能因为执行不当而失败。同样一个弱的商业模式,也可能因为有力的管理与实施而取得成功。所以商业模式也包括时间与实施等方面的要素。

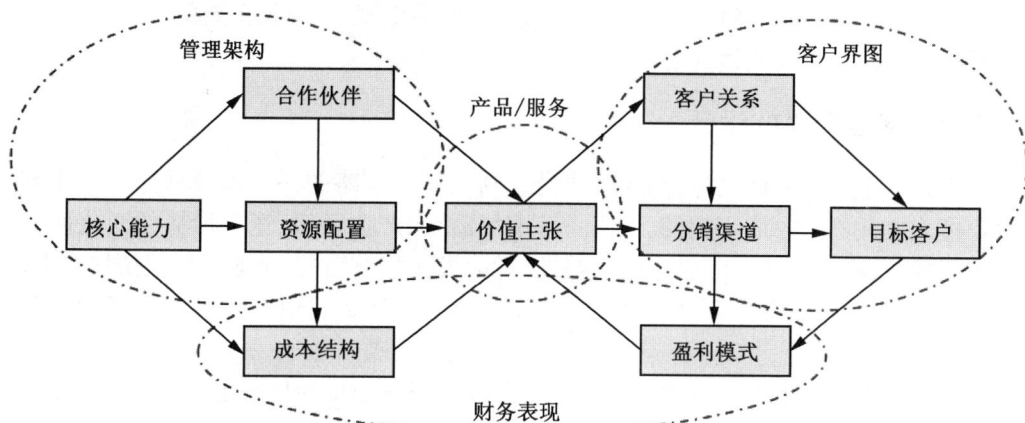

图 4.1　商业模式构成要素之间的联系

3. 商业模式的特征

成功的商业模式具有五个特征。第一,顺应形势。许多商业模式成功的原因是正确地顺应了社会的大趋势。第二,创造优势。具有开创性,能够构建品牌自身的竞争优势,形成核心竞争力。第三,商业模式要能提供独特价值。更多的时候,它往往是产品和服务独特性的组合。这种组合要么可以向客户提供额外的价值;要么使得客户能用更低的价格获得同样的利益,或者用同样的价格获得更多的利益。第四,商业模式是难以模仿的。企业通过确立自己与众不同的商业模式,如对客户的悉心照顾、强大的实施能力等,来提高行业的进入门槛,从而保证利润来源不受侵犯。第五,成功的商业模式是脚踏实地的。企业要做到量入为出、收支平衡。

4. 商业模式的逻辑

从商业模式构成要素各个观点来看,提及最多的是价值发现、价值创造、价值传递和价值获取,由此构成商业模式的核心。商业模式是以顾客为中心来解决一般价值创造问题的核心逻辑,必须将价值贯穿于商业模式之中。商业模式的这一逻辑性主要表现为层次递进的四个方面。①价值发现,又称价值模式。它是指企业深入洞察顾客价值,从而构建出既充分反映顾客需求、收入和成本变化以及竞争者的反应,又充分反映顾客价值主张的隐含假设。洞察价值由洞察需求、细分市场、顾客价值主张等部分组成。首先,企业需要通过洞察来了解消费者的根本需求,以及其他竞争对手是否有能力满足这些需求,并在组织结构、技术等方面提高满足顾客需求的可能性;其次,通过洞察需求找到自己有意满足或者能够满足的具体细分市场;最后,通过发现细分市场中消费者的兴奋点,来确定自己的服务或者产品能够为顾客提供什么样的价值。②价值创造,也称运营模式。它是指企业为了实现顾客价值主张而设计并实施的一系列活动,包括价值网络设计、定位和价值创造。企业首先通过设计价值网络结构,明确价值网络都包括哪些行动主体,理清不同行动主体在价值生成、分配、转移等方面的结构和关系;其次明确企业自身在该价值网络中的位置;最后构建能够创造价值的运营系统,确定进行价值创造的关键运营活动。③价值传递,也称营销模式。它是指企业采用何种方式来向顾客传递价值,包括渠道和品牌等。通常商业模式创新也表现为电子商务渠道的创新。④价值获取,也称盈利模式。它是指企业如何将自身所提供的服务及产品变现,来支付必要的业务成本,并最终获得利润。盈利模式是商业模式的重要组成部分。

4.1.2 商业模式的设计

商业模式是企业的立命之本,商业模式设计则是商业策略的一个组成部分。企业创立之初的商业模式也并不是一成不变的,应当随着市场需要、产业环境、竞争形势的变化而不断调整。更重要的是,商业模式并不是生来平等的,有的模式相对轻松,企业很快就扶摇直上;而有的模式则需要付出更多精力,利润增长却总是不尽人意。因此,选择、设计一个好的商业模式会事半功倍。

商业模式的设计有五个基本要求。①定位要准。市场定位的核心是要寻找到一个差异化的市场,为这个市场提供独有的产品。确立好的市场定位的关键是细分市场,并寻找到能够利用自身优势来满足该细分市场所需要的产品和服务。为这个市场提供满足顾客需要的、有价值的、独有的产品,让顾客愿意为此付费。②市场要大。随意找一个细分市场提供所需的产品和服务不能算是一个优秀的市场定位。关键在于要寻找一个快速、大规模、持续增长的市场,这是确定优秀市场定位的一个关键标准。③扩展要快。这是很多商业模式在设计时最容易被忽略的一个问题,也是决定该模式是快速增长还是平滑缓慢的最关键环节。收入是否快速扩展是衡量商业模式能否迅速做大规模最关键的因素。能够大规模迅速扩展客户群的商业模式收入会持续高增长,要远超客户数量增长缓慢但平均客户收入很高的商业模式。因此,新增客户速度是否快、客户能否快速大规模复制,是衡量商业模式能否迅速做大规模最关键的因素。④壁垒要高。好的商业模式一定要和自身的优势紧密结合。最好是利用自己独有的优势构筑最坚实的竞争壁垒。自己进入时壁垒要低,进入后要能建立起高壁垒,让竞争者难以进入。这是考虑壁垒因素的重点所在。很多企业之所以发展到一定阶段就出现问题就是没有考虑到后进者的壁垒,很容易被竞争者赶超。⑤风险要低。设计商业模式的最后一个环节就是要综合评估可能面临的各种风险。在评估风险时需要考虑五个方面:是否存在政策及法律风险? 是否存在行业监管风险? 是否存在行业竞争风险? 是否有潜在的替代品威胁? 是否已经存在价值链龙头?

4.1.3 商业模式的演变

1.商业模式的形成

商业模式结构形成分五步,可以称其为商业模式结构形成的"五步法"。①商业模式的创意产生。商业模式创意源于企业家和管理者对商业机会的洞悉、对现有商业模式的认知以及对市场潜在需求的判断,善于把握机会的企业家才能成为商业模式的创造者和获利者。②商业模式的结构设计。结构设计是围绕商业模式核心逻辑把创意描述成一个有完整的经营理念、组织内外部结构和流程以及各部分如何进行配合的结构性蓝图。相比创意而言,商业模式的结构设计要复杂得多,它涉及顾客需求、关键业务、核心资源、供应商和合作伙伴、核心资源配置等各个要素。③商业模式的实验验证。把一种结构通过一定范围的实验手段对其可行性进行实验。商业模式画布可用来帮助创业者建立、测试自身商业模式的可行性。利用画布工具,创业者可以尽可能多地展开自己设想的商业模式,并添加预估数字和计算结果。④商业模式的评估修正。对商业模式的进一步完善,除验证模式的可行性外,还需要评估模式。商业模式评估可以帮助创业者在众多的商业模式创意中挑选出最具潜力的模式,以保证企业经营目标和盈利目标的实现。⑤商业模式的规模化。企业将经过结构验证和完善的模式发展成为企业经营中的商业模式。商业模式是为了实现客户价值最大化,把能使企业运行的内外各要素整合起来,形成一个完整的、高效率的具有独特核心竞争力的运行系统,并通过提供产品和服务使系统达成持续赢利目标的整体解决方案。商业模式的规模化是将围绕顾客而建立的各个要素固化在一个价值网络内,形成相互的"嵌入",打破了原有企业的边界,改变了价值实现的时空状态,使价值实现从直线平面变为立体网络,从而获得使模式主体企业获得更大范围的竞争优势。

2. 商业模式的演变

商业模式不是静态的,而是不断演变和发展的。任何企业的商业模式都始于对既有模式的"破坏",是在竞争中产生和发展的。企业的商业模式从建立起就时刻面临各种其他商业模式的挑战,随时可能解体。企业可以通过商业模式的创新,从一个失去竞争力的旧模式走向一个富有竞争力的新模式,新模式瞬间又成为其他模式"破坏"的对象。企业不断通过商业模式创新来获得竞争优势,竞争者也不断地从商业模式的模仿创新中争夺利润,而且竞争者开始从表层的竞争活动延伸到深层的竞争活动。由于企业所处的环境是高度不确定的,新创模式所获得的竞争优势将被其他企业进一步弱化,为维护商业模式的稳定性,对抗其他竞争对手模式创新的挑战,企业必须通过各种手段来发展自己的商业模式。

4.1.4　商业模式的创新

商业模式创新主要是新创企业商业模式如何产生以及企业对现有商业模式的再设计,其核心问题就是发现和寻求新的模式。商业模式创新和其他类型的创新如技术创新一样,它也会经历产生、扩散的过程,经历原始创新、被模仿、再创新的生命周期阶段。处于不同阶段的商业模式创新,其过程特点及设计是不一样的。

1. 商业模式的原始创新

如果以前所未有的商业模式为客户提供产品和服务,这种商业模式创新就是原始创新。它既可以发生在现存的企业中,也可以伴随着新生企业或者新一代企业家的成长而出现。商业模式是由不同要素组成的,因而商业模式的创新可以看作商业模式不同构成要素的创新。商业模式创新包括向谁、何时、缘由、地点、如何做以及成本,这些为顾客提供产品和服务方面的修正,从整体出发对商业模式进行创新和构建。逆向思维创新是一种反其道而行之的做法。有三点需要注意:一是找到行业领导者或行业主流商业模式的核心点,以此制定逆向商业模式;二是不能盲目选择逆向商业模式,选择的前提是能确保为消费者提供更高的顾客价值;三是防范行业领导者的报复行为,评估其可能的反制措施并采取相应的举措。

2. 商业模式的模仿创新

模仿是商业模式创新的基础。几乎一切成功的商业模式都是在不断模仿的基础上创新的。富有创新精神的企业家开创了新的商业模式和盈利机会,极大地带动了一批模仿者和改进者。全盘复制的方法最为简单,就是对优秀企业的商业模式进行直接复制。流通领域里的苏宁、国美,与之对应的是国外的百思买等家电连锁企业;互联网企业里的百度、搜狐、阿里巴巴依稀可以看到谷歌、雅虎、亚马逊的影子。在同一行业的企业,尤其是同属一个子市场或拥有相同产品的企业,其直接竞争对手更容易产生商业模式的互相复制。全盘复制成功的案例少之又少,几乎所有成功的模仿都是与其他的商业模式和资源嫁接在一起,都被赋予了全新的形式或内容。腾讯就是在对其他商业模式不断模仿和嫁接中成长、成熟起来的,成为中国最成功的互联网企业之一。商业模式借鉴提升要注意两点:一是企业能够迅速洞察消费者需求,在商业模式上迅速做出反应,从而抢占市场先机;二是通过不断改进工艺、再造流程等方法,提高产品效用,增强顾客对其产品的需求,同时随着成本不断降低,从而获取超额收益。

4.2 互联网思维

4.2.1 互联网思维的含义

互联网时代的本质特征就是:互动、连接、网络。互联网时代的前进方向,就是将整个世界变成一个"任意互动、无限连接的网络体"。互联网思维就是符合互联网时代本质特征的思维方式,即在(移动)互联网+、大数据、云计算等科技不断发展的背景下,对市场、用户、产品、企业价值链乃至对整个商业生态进行重新审视的思考方式。互联网时代的思考方式,不局限于互联网产品、互联网企业。这里说的互联网,不单指桌面互联网或者移动互联网,而是泛指互联网,因为未来的网络形态一定是跨越各种终端设备的,如笔记本电脑、台式机、手机、手表、眼镜等。

用互联网思维做电商是现在一致的共识。互联网思维分为三个层级。层级一:"数字化",即互联网是工具,提高效率,降低成本;层级二:"互联网化",即利用互联网改变运营流程、电子商务、网络营销;层级三:"互联网思维",即用互联网改造传统行业、商业模式和价值观创新。

4.2.2 互联网思维及法则

1. 用户思维

互联网思维,第一个也是最重要的,就是用户思维。在互联网领域,是用户驱动企业;在传统领域,是企业驱动商户。互联网公司的产品都是为了满足用户需求,少有创造用户需求的。随着互联网越来越发达,用户获取信息的渠道越来越碎片,自主意识逐渐增强,传统企业的方式开始慢慢失效。用户思维,是指在价值链的各个环节都要"以用户为中心"去考虑问题。作为厂商,只有从整个价值链的各个环节,建立起"以用户为中心"的企业文化,深度理解用户才能生存。没有认同,就没有合同。

用户思维主要包含以下法则:①用户为主。若产品不能让用户成为产品的一部分,不能和他们连接在一起,产品必然是失败的。②兜售参与感。一种情况是按需定制,厂商提供满足用户个性化需求的产品即可,如海尔的定制冰箱;另一种情况是用户参与优化产品,让用户参与品牌宣传,便是粉丝经济,粉丝是最优质的目标消费者。③体验至上。好的用户体验应该从细节开始,并贯穿于每一个细节,能够让用户有所感知,并且这种感知要超出用户预期,给用户带来惊喜,贯穿品牌与消费者沟通的整个环节。

2. 简约思维

互联网产品通常不追求大而全,而是抓住用户某一个痛点或价值点,针对性地做出明确的产品。在功能上尽量简单明确,即便要做大做复杂也要慢慢加上去。体验上尽量做到简单易上手,甚至使"界面消失",仅凭本能和直觉操作。互联网时代,信息爆炸,用户的耐心越来越少,所以必须在短时间内抓住用户。简约思维主要包含以下法则:①专注,少即是多。苹果公司就是典型的例子。1997年苹果公司濒临破产,乔布斯回归后砍掉了70%产品线,重点开发4款产品,使得苹果公司扭亏为盈,起死回生。网络高端玫瑰及珠宝品牌诺誓(ROSEONLY),它的品牌定位是高端人群,买花者需要与收花者身份证号绑定,且每人只能绑定一次,意味着"一生只爱一人"。大道至简,越简单的东西越容易传播,专注才有力量,才能做到极致。②简约即是美。在产品设计方面,要做减法。外观要简洁,内在的操作流程要简化。谷歌首页永远是清爽的界面;苹果公司产品的外观、特斯拉汽车的外观,都是这样简约的设计。

3. 极致思维

极致思维,就是把产品、服务和用户体验做到极致,超越用户预期。极致思维主要包含以下法则:①超越用户想象,把产品做到极致,打造让用户尖叫的产品。②服务即营销。阿芙精油是知名的淘宝品牌,有两个小细节可以看出其对服务体验的极致追求:一是客服24小时轮流上班;二是设有"CSO",即首席惊喜官,每天在用户留言中寻找潜在的推销员或专家,找到之后会给对方寄出包裹,为这个可能的"意见领袖"制造惊喜。

4. 迭代思维

互联网产品更新很快,采用的方法往往是迅速上线、小批测试,根据反馈进行调整,如果好,就继续推广;如果不好,就修改后推广。"敏捷开发"是互联网产品开发的典型方法论,是一种以人为核心、迭代、循序渐进的开发方法,允许有所不足,不断试错,在持续迭代中完善产品。这里有两个点,一个是"微",一个是"快"。迭代思维主要包含以下法则:①小处着眼,微创新。要从细微的用户需求入手,贴近用户心理,在用户参与和反馈中逐步改进。②精益创业,快速迭代。只有快速地对消费者需求做出反应,产品才更容易贴近消费者。这里的迭代思维,对传统企业而言,更侧重迭代的意识,意味着我们必须要及时乃至实时关注消费者需求,把握消费者需求的变化。

5.流量思维

流量意味着体量,体量意味着分量。"目光聚集之处,金钱必将追随",流量即金钱,流量即入口,流量的价值不必多言。流量思维主要包含以下法则:①免费是为了更好地收费。互联网产品大多用免费策略极力争取用户、锁定用户。当年的360安全卫士,用免费杀毒的策略进入杀毒软件市场。"免费是最高昂的",不是所有的企业都能选择免费策略,因产品、资源、时机而定。②坚持到质变的临界点。任何一个互联网产品,只要用户活跃数量达到一定程度,就会开始产生质变,从而带来商机。腾讯QQ若没有当年的坚持,也不可能有今天的企业帝国。在注意力经济时代,企业先把流量做上去,才有机会思考后面的问题,否则连生存的机会都没有。

6.社会化思维

社会化商业的核心是网,公司面对的客户以网的形式存在,这将改变企业的生产、销售、营销等整个形态。社会化思维主要包含以下法则:①利用好社会化媒体。有一个做智能手表的品牌,通过10条微信,近100个微信群讨论,3 000多人转发,11个小时预售18 698只T-watch智能手表,订单金额900多万元。这就是微信朋友圈社会化营销的魅力。②众包协作。众包是以"蜂群思维"和层级架构为核心的互联网协作模式,维基百科就是典型的众包产品。小米手机在研发中让用户深度参与,实际上也是一种众包模式。

7.大数据思维

大数据思维是指意识到大数据以及数据科学对企业发展的关键影响。大数据思维主要包含以下法则:①小企业也要有大数据。用户在网络上一般会产生信息、行为、关系三个层面的数据,这些数据的沉淀有助于企业进行预测和决策。一切皆可被数据化,企业必须构建自己的大数据平台,小企业也要有大数据。②你的用户不是一类客户而是每个个体。在互联网和大数据时代,企业的营销策略应该针对个性化用户做精准营销。银泰网上线后,打通了线下实体店和线上的会员账号,在百货和购物中心铺设免费Wi-Fi。当一位已注册账号的客人进入实体店,他的手机连接上Wi-Fi,他与银泰的所有互动记录会在后台呈现,银泰就能据此判别消费者的购物喜好。这样做的目的是实现商品和库存的可视化,并实现与用户之间的沟通。

8.平台思维

互联网的平台思维就是开放、共享、共赢的思维。平台模式最有可能成就产业巨头。全球最大的100家企业里,有60家企业的主要收入来自平台商业模式,包括苹果、谷歌等。平台思维主要包含以下法则:①打造多方共赢的生态圈。平台模式的精髓,在于打造一个多主体共赢互利的生态圈。将来的平台之争,一定是生态圈之间的竞争。百度、阿里、腾讯三大互联网巨头围绕搜索、电商、社交各自构筑了强大的产业生态,所以后来者如360其实是很难撼动的。②善用现有平台。当你不具备构建生态型平台实力的时候,那就要思考怎样利用现有的平台。马云说:"假设我是'90后'重新创业,前面有个阿里巴巴,有个腾讯,我不会跟它们挑战,心不能太大。"③让企业成为员工的平台。互联网巨头的组织变革,都是围绕着如何打造内部"平台型组织"。包括阿里巴巴 25 个事业部的分拆、腾讯 6 大事业群的调整,都旨在发挥内部组织的平台化作用。海尔将 80 000 多人分为 2 000 个自主经营体,让员工成为真正的"创业者",让每个人成为自己的 CEO。内部平台化就是要变成自组织而不是他组织。他组织永远听命于别人,自组织是自己来判断。

4.2.3 互联网思维下的商业模式

所谓互联网思维,与传统行业最迥异的,应该就是商业模式问题。

1. 实物商品的商业模式

通常意义上的商品/货物的商业模式基本上有四种类型:①自己直接生产、直接销售给用户;②把生产环节外包出去,自己负责直接销售给用户;③自己负责生产,交给分销商销售;④只销售、不生产:自己作为分销商或者提供销售商品的交易市场。

2. 交易平台模式

交易平台模式包括:①实物交易平台:用户在平台上进行商品交易,通过平台支付,平台从中收取佣金。②服务交易平台:用户在平台上提供和接受服务,通过平台支付,平台从中收取佣金。③沉淀资金模式:用户在平台上留存资金,平台可以用这些沉淀的资金赚取投资收益回报。

3. 差别化付费模式

①定期付费模式:这种商业模式类似于手机话费的月套餐,定期付钱获得一定期限内的服务。相对于一次性付费直接购买软件,定期付费的单笔付费金额比较小,所以用户付费的门槛相对较低。②按需付费:按需付费是用户实际购买服务时,才需要支付相应的费用。比如,在爱奇艺里看到想看的某一部电影,花 5 块钱只看这一部,这是按需付费;如果成为爱奇艺的VIP 会员,在一段时间内所有会员免费的电影都可以看,这就是定期付费模式。③打印机模式:打印机的商业模式是指先以很便宜的价格卖给消费者一个基础性设备,比如打印机,用户要使用这个设备,就必须以相对较高的价格继续购买其他配件,比如耗材。因为日本打印机公司爱普生首先采用这种商业模式,因此称之为打印机模式。

4. 免费增值模式

免费增值商业模式就是让一部分用户免费使用产品,而另外一部分用户购买增值服务,通过付费增值服务赚回成本和利润。不过通常采取免费增值模式的产品,可能只有 0.5% ~ 1%的免费用户会转化为付费用户。免费增值模式包括:①限定次数免费使用:这种模式是在一定次数之内,用户可以免费使用,超出这个次数的就需要付费。②限定人数免费使用:这种模式是指用户数量在一定人数之内免费,如果用户数量超出这个限定额就要收费。③限定免费用户可使用的功能:免费用户只能使用少数几种功能,如果想使用所有的功能就得付费。④应用内下载免费:应用的下载和安装使用是免费的,但是在使用的过程中可以为特定的功能付费。⑤试用期免费:让用户在最初一定的期限内可以免费使用,超过试用期之后就要付费。⑥核心功能免费,其他功能收费:苹果手机 App store 里的 App 有不少都是这种模式,一个产品分为免费版和收费版。免费版里基本功能都有,但是要获得更多的功能就要收费。⑦核心功能免费,导流到其他付费服务:比如微信,微信聊天是免费的,但是微信内置了很多其他服务,如美团、京东,这些服务有可能是收费的。⑧组织活动:通过免费服务积攒人气,然后组织各种线下活动,这些活动可以获得广告或赞助,或者在活动中销售商品或服务。

4.3 电子商务企业商业模式

互联网创业的
24种商业模式

4.3.1 电子商务企业商业模式的类型

根据电子商务商业模式的多维分类框架,将电子商务企业的商业模式分为以下5大类,共18种,如表4.1所示。

表 4.1 电子商务商业模式的分类

模式种类	子类别	说明
网上商店/服务模式	销售商的网上商店	批发商和销售商的在线销售
	制造商的网络直销	制造商通过该模式直接出售产品并提供服务
	在线服务	传统服务业的在线实现
	网上采购	网上商店与服务的买方主动模式
网络经纪商模式	信息中介	为撮合买卖双方的交易建立信息发布平台
	电子拍卖	传统拍卖的在线实现
	第三方交易市场	由第三方建立的网络交易平台,常为行业性的交易场所
	电子购物中心	汇集众多电子商店,为消费者提供类似商场的消费环境
	金融经纪商	金融业务的网上经纪与咨询
	其他服务经纪	旅游、保险等服务行业的网上经纪模式
价值链服务提供商模式	内容订阅	有偿提供高质量的内容订阅服务
	网上银行	支持网络交易的电子支付和资金划拨
	第三方物流	由第三方建立,支持网络交易的物流配送的交易模式
	软件支持	为网络交易的实施提供软件支持
	通信服务	为交易者的网络接入和维护提供支持服务
	CA 认证机构	网上安全电子交易认证,签发数字证书等服务
广告商模式		以网络广告为主要收入的模式
虚拟社区模式		网上论坛,互联网用户沟通与交流的场所

1.网上商店/服务模式

网上商店/服务模式中,交易双方直接联系,企业通过在线的渠道将实际产品与服务推向客户,或者买方通过网上招标的方式直接寻找卖方。该模式通常具有缩短供应链的作用,在一定条件下可以减少交易成本。

(1)销售商的网上商店:批发商和销售商的在线销售模式,企业将现实中的销售业务在互联网上进一步拓展,以获得更广泛的收入来源、更便捷的客户联系,并提供更良好的客户服务。

(2)制造商的网络直销:制造商通过网络直接接触到最终用户,缩短供应链,减少中间成本,直接了解客户需要,为客户提供产品的同时提供优质的服务。

(3)在线服务:很多传统服务运用互联网可以展现其巨大的魅力。它们克服了时空的阻碍,技术的使用使之实现企业与客户的良性互动。这方面典型的例子有远程医疗、远程教学、互联网保险等。

(4)网上采购:买方推动的网上销售。政府集中采购、大型企业的集团采购等多采用这种形式。

2. 网络经纪商模式

在网络经纪商模式中,公司作为市场的中介将买方和卖方联合起来,并从他们的交易中收取费用。他们在掌握了较完备的数据库与网络技术的基础上,实现买卖双方的贸易撮合,并为双方提供一系列服务。它一般处于价值链体系中渠道价值链的地位。网络经纪商模式可以进一步分为几个不同的类型。

(1)信息中介:这类模式通常为交易者提供了网上发布信息特别是供求信息的平台。

(2)电子拍卖:不仅为交易者提供了网上交易的场所,更重要的是建立了拍卖的定价机制,根据拍卖模式的推动者是卖方还是买方,可分为拍卖经纪和反向拍卖经纪。

(3)第三方交易市场:通常为供应商建立产品和企业名录,提供了产品展示的数据库,并建立一套较完备的定价和交易机制,促进交易合同的形成,有的还为交易双方提供物流配送和资金划拨等方面的服务。

(4)电子购物中心:又常被称为虚拟商城或网络商业街,它汇集了众多的销售商,是多个电子商店的集合。通常该模式为客户提供了自动化的交易服务及统筹规划的物流配送。

(5)金融经纪商:即在线金融经纪人,客户可以通过它进行金融证券交易。网上证券交易所均属于这一模式。

(6)其他服务经纪:典型的例子有网上旅游服务机构,帮助旅游者进行交通、住宿方面的联系预订。

3. 价值链服务提供商模式

价值链服务提供商独立于产业价值链系统之外却与之紧密联系,为系统中的每个元素提供必要的支持和服务。

(1)内容订阅:为网络经济体系中的成员提供有偿的信息支持。进入这样的网站,成员一般须缴纳一定的订阅费用才能获得它所提供的高质量内容。一些网站同时提供订阅内容服务和非订阅内容服务,以满足不同的访问方。对于很多曾陷入困境的门户网站而言,有偿内容订阅模式的使用,特别是短信的内容订阅,对它们获得利润、走出资金低谷起了关键作用。

(2)网上银行:银行是传统的价值链服务提供商,互联网的广泛应用促使其将业务延伸到网络,为电子商务的开展提供资金方面的服务。它使用电子货币,即电子钱包、电子信用卡、电子现金等,通过标准化的电子票据和数字签名等技术手段实现资金的无纸化操作和银行机构的虚拟化,为网上交易的资金支付和划拨提供支持。

(3)第三方物流:既非买方也非卖方的企业在买卖双方实行交易时,为商品的包装运输、仓储、配送等提供支持服务。"第三方"就是指为物流交易双方提供部分或全部物流功能的外部服务提供者,在某种意义上可以说它是物流专业化的一种形式。

(4)软件支持:软件支持服务提供商为网络交易者提供必需的软件服务。在互联网诞生之前,最重要最典型的电子商务软件是电子数据交换系统;互联网普及后,一种新的软件行业兴起,即应用服务提供商(ASP)。

(5)通信服务:通信服务提供商为在线进行交易的企业或个人提供通信服务,主要是互联网接入服务,它包括骨干网络的运营商、互联网接入服务提供商、在线服务提供商等。骨干网络运营商在中国主要是电信、联通、移动等;互联网接入服务提供商(Internet Service Providers,ISP)向消费者或企业提供网络的接入服务;在线服务提供商(Online Service Providers,OSP)提供接入服务的同时,还向订阅者提供信息。通信服务为企业电子商务的开展与消费者参与网上交易建立了物理基础。

(6)CA(Certificate Authority)认证机构:承担网上安全电子交易认证服务,签发数字证书并确认用户身份的服务机构。主要任务是受理数字证书的申请、签发及对数字证书的管理。在互联网价值网络中,CA认证机构的存在及其功能是互联网交易的信用基础。

4. 广告商模式

在广告商模式中,网站的所有者提供了一些内容和服务来吸引访问者。网站所有者通常通过向其网站上加入标志、按钮或使用其他获得访问者信息的广告来收取广告费用以获取利润。使用广告商模式的多为各类门户网站,如新浪、搜狐等,通过为顾客提供丰富多元化的内容和服务,如新闻、搜索引擎、免费的电子邮箱等,赢得巨大的访问量,从而为网站带来可观的广告收入。当然,几乎所有的电子商务企业都可以适当地采用广告商模式,通过网络广告增加企业收益。

5. 虚拟社区模式

虚拟社区实质上就是一个网上论坛。它与广告商模式一样,不属于价值链的基本元素,但是它能够为整个价值链或价值网络增加信息交换量。经营者依赖于社区成员的忠诚,不断投入各种资源,发展它与社区成员之间的关系,广告和内容定制服务是他们收益的主要来源。虚拟社区也可以成为其他商业模式的辅助功能,为客户提供交流的平台或咨询的场所,例如,在网上医疗服务的网站中建立的健康论坛、网络教学的咨询社区等。

4.3.2 电子商务企业商业模式的比较

图4.2体现了五大类模式在创新与整合二维坐标系中所处的位置。

在创新度方面,网上商店与服务多为传统制造、销售或服务企业的在线实现,因而创新度最低;广告商、价值链服务提供商及虚拟社区均为在互联网逐渐普及的情况下新生的常见模式,是在网络交易不断发展的环境下应运而生的必要支持;与以上模式相比,网络经纪商可以由传统经纪商演化而来,同时在网络经济中又不断涌现出新的营业模式,创新度具有较大的跨度。新型的网络经纪商由于其营业目的和经营方式的新颖性,高效的信息处理与服务能力,以

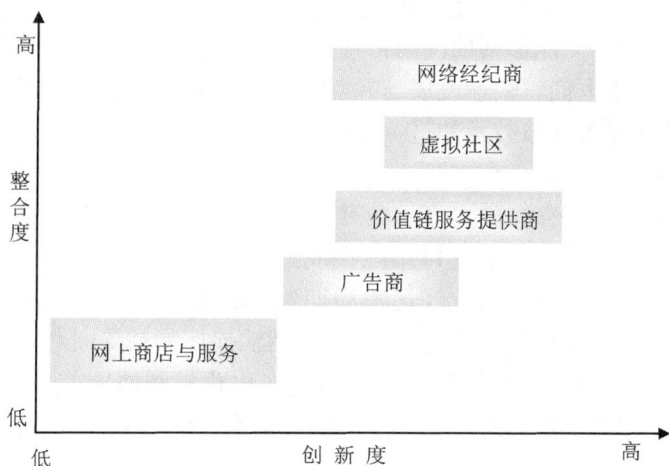

图4.2　五类商业模式的创新度与整合度比较

及较强的适应网络经济能力,在上述商业模式中创新度较高。

在整合度方面,网上商店与服务模式多为买方与卖方的直接联系,整合程度一般不高;广告商、虚拟社区、价值链服务提供商的模式一般都汇集了大量用户,业务内容与功能较丰富,整合度较高;而网络经纪商联合网络交易的买方和卖方,联系价值链服务提供商、虚拟社区等多样支持服务,在几类模式中往往最具整合性。

4.4　新兴的电子商务模式

4.4.1　新兴电商

1. 农业电商

农业电商平台是利用现代信息技术(互联网、计算机、多媒体等)为从事涉农领域的生产经营主体提供在网上完成产品或服务的销售、购买和电子支付等业务交易的网站平台,实现了快速可靠的网络化商务信息交流和业务交易。电子商务推动农业创新链、价值链加速重构,助力数字乡村发展建设。如京东依托物联网、区块链、人工智能等科技手段,建立京东农场全程可视化溯源体系;拼多多采用"农货智能处理系统"和"山村直连小区"模式,整合出农货上行快速通道,重组农产品上行价值链。

2. 跨境电商

跨境电商又称为跨境贸易电子商务,是指不同国别或地区间的交易双方通过互联网及其相关信息平台实现交易,线下开展物流进出口业务操作的电子商务应用模式。中国跨境电商专指交易主体设在中国境内,从事跨境交易活动的电商企业。

如何验证你的商业模式? 来试试这七种方法

农村电子商务解决方案

— 51 —

国家政策对跨境电商的扶持力度大幅提高。我国跨境电商市场广阔,潜力巨大,且具有门槛低、环节少等方面的优势,能够帮助国内传统外贸企业更便利地开拓国际贸易市场。可以大致预测到,未来几年跨境电商将快速发展,跨境电商交易额将占进出口贸易总额的 20% 左右。未来随着跨境物流、支付等环节技术的进一步突破和跨境电商企业盈利能力的进一步提升,行业将迎来黄金发展期。

我国跨境电子商务发展存在的主要问题有:①制度问题。规范性法律法规有待完善。②支付问题。网上跨境支付系统不成熟,外汇监管、税收等配套制度不完善。③物流问题。常规海运方式运输周期长、通关手续烦琐,跨境电商物流服务水平低,存在配送时间长、价格高、单向且运输损坏率高等问题。④信用问题。因为交易双方来自不同国家,有着不同的文化背景和地区差异,信用往往是吸引客户驻足的决定性因素。⑤人才问题。需要"外语技能+销售技巧+平台技术"的复合型人才。

中国新跨境出口
B2B 电商行业报告

我国跨境电商发展的对策和建议:①海关、行政执法机构等有关部门尽快制定规范性政策。②优化支付结汇,赋予第三支付企业一定的监管功能,支持跨境电子支付服务企业发展,扩大试点支付企业办理境外收付和结售汇业务范围。③建立本地化物流运营,尝试在当地设立海外仓库物流,能够达到降低配送成本、提高用户体验度的目的。④建立信用分级制度,根据信用程度对电商进行分级管理,加大对制假贩假、侵犯知识产权行为的打击力度,规范跨境电商行为。⑤加强跨境电商后备人才的培养。

3. 生鲜(冷链)电子商务发展

生鲜产品电子商务简称生鲜电商,是指用电子商务手段在互联网上直接销售生鲜类商品,主要有水果、蔬菜、肉品、水产、干货及日配、熟食和糕点等。电子商务与生鲜农产品冷链物流结合起来,使得生鲜农产品的网络购买模式成为一种趋势,市场前景广阔。生鲜电商的发展模式大体来说可分为以下七种:综合电商平台模式、物流电商模式、垂直电商模式、食品供应商模式、农场直销模式、线下超市模式、社区 O2O 模式。

生鲜电商的发展离不开冷链物流的支持,目前比较突出的问题是:①从供应链角度出发,生鲜农产品冷链物流遇到了整个链条衔接不畅的瓶颈问题。②基础设施建设不够完善,冷链资源分布不均衡,生鲜农产品冷链物流信息系统建设滞后,大型专业化冷链物流企业匮乏。③冷链物流的法律法规体系不健全,冷链操作不规范,缺少统一的标准。④完成生鲜农产品运输,需要物流公司付出高昂的成本进行快速的包装和运输,而高昂的成本又会影响生鲜农产品的价格,两者互相作用互相影响,最终对消费者的购买行为造成影响。

生鲜电商发展对策:①制定冷链物流相关的法规政策。各部门各行业协调完成整个生鲜农产品物流体系的规划、制定和实施。②注重专业人才的培养。加强生鲜农产品冷链物流理论知识的普及与技术研究,提升生鲜农产品冷链物流专业人才理论知识与技术水平。③完善冷链物流体系标准。生鲜农产品种类繁多,涉及行业范围广,不同产品耐腐的温度、湿度不一样,进行低温运输储

生鲜电子商务解决方案

存的时间及温度指标差异巨大。因此,不同运输产品应制定不同的技术标准、温度控制标准、食品卫生安全标准。④健全冷链物流基础建设。加大冷藏设备的投入,建立畅通的冷链物流信息系统,引进国外先进的冷藏技术与开发适合本地区的冷藏技术,带动生鲜农产品冷链系统

朝着规模化、集约化方向发展。

4. 工业品电商

根据国际惯例,企业的采购可以分为两类:原材料采购和支持生产的非原材料采购。原材料采购一般涉及产品品类少,质量可控,管理成本较低。支持生产的非原材料采购,通称为MRO(Maintenance 维护、Repair 维修、Operation 运行)物料采购,通常是指在实际的生产过程中的非原材料产品,只用于维护、维修、运行设备的备品备件,即非生产原料性质的工业用品。然而,MRO 产品因为范围广,供应链复杂,涉及的供应商数量较大,导致了产品寻找成本、采购管理成本及售后成本较高。

虽然目前国内的 MRO 市场存在各种各样的问题,但同时也蕴含着巨大的机遇,数据显示,中国有 82% 的工业客户会选择通过互联网购买工业品,这将是万亿级规模,必将超越淘宝网现有规模。特别是 MRO 线上工业品超市这种形式正在传统企业中迅速推广,通过电商平台或连接协议打通上下游,同时加以完善物流管理体系和配套专业服务,以此来改善工业品采购中价格不透明、采购效率低、无法保证正品、无法保证现货这四个主要的行业痛点。

制造企业电子商务解决方案

4.4.2 社交电商

1. 微信电商

微信电商简称微商。企业或者个人利用微信平台进行商品流通活动,是基于微信生态的社会化分销模式,人人都可以成为微商体系下的分销者。从最终销售端来看,主要有两种模式:一种是企业基于微信公众号开设微商城的 B2C 模式,一种是个人基于朋友圈开店的 C2C 模式。

微商首先是一个去平台化,其次是去流量化,最后是去品牌化的过程。去平台化就是微商营销渠道借助了社交软件,而非传统的电商平台(如淘宝网、天猫、京东)生存。去流量化是将社会化媒体集聚起来分发商品。随着时代的发展,消费者的消费心理也逐渐成熟,在进行购买时较产品品牌而言,更注重产品的实际价值和实用性,这就是去品牌化的一个体现,而微商的出现也迎合了消费者这种消费心理的变化,可以说微商是分享经济时代的一种信任经济。我国微商市场和从业规模发展非常迅速。微商活跃渠道多元化,市场分布细化。消费主力以女性、年轻人和在校大学生居多。

微商存在的问题:①产品质量难保障,甚至进行虚假宣传,夸大其词,欺骗消费者。②监管体系不健全。作为新兴行业,微信缺乏主管部门及其有效的监管,缺乏健全的微商体系机制,缺乏诸如售后管理、消费者维权保护机制、第三方数据统计、舆论监督管理和信用体系建立与评估等方面系统的监管。③微商模式混乱,市场不规范。由于微商准入门槛低,任何企业或者个人甚至无须实名登记即可成为微商,导致行业内鱼龙混杂,进货渠道多样及商家个体差异较大;导致市场价格混乱,影响正常的流通秩序。④存在传销风险。一部分非法传销者打着微商的旗号,扰乱市场秩序。

微商可持续发展建议:①完善相应的法律法规,有关部门应不断制定完善互联网环境下包括电子商务、微商的法律法规,给微商市场约束力。②制定严格的监管制度,积极探索和创新监管方式方法,将微商纳入监管范围。依法严厉打击微商传销不法行为,建立微商产品追溯赔偿制度,加强微商产品广告宣传管理,建立价格监管机制,打击欺诈行为。③建立信用评价机制。信任是微商行业持续良好发展的基石。④微商行业加强自律,增强诚信意识,遵守商业道德。

2.微博电商

微博除具有社交作用以外,庞大的用户群体使得微博成为电子商务的新模式。以微博为首的移动社交平台逐渐成为电商最主要的流量入口之一。据统计,微博上的活跃用户同时是网购兴趣用户的占比达到98%,网购兴趣用户人群基本属性与微博整体用户基本一致。在不同平台的电商营销方式中,62.5%的用户更愿意接受微博信息流广告;且被微博广告吸引后,即使不直接下单也会对广告产生深度好感。微博上聚集着海量娱乐明星及自媒体账号,且具有强大的带货能力。数据显示,超过60%的用户愿意购买明星同款,70%以上的用户对网红推荐的产品持积极态度。微博在电商营销领域全面发力,不断深耕,凭借其丰富的营销资源、庞大的用户基础和创新的营销技术,为电商平台及品牌打造营销沃土。未来,微博仍将专注于技术与内容创新,赋能电商平台及品牌,继续引领电商营销新趋势。

4.4.3 内容电商

2020年,字节跳动、快手陆续通过收购方式获得支付牌照,形成电商业务闭环。以电商直播为代表的网络直播行业蓬勃发展。无论是以京东、苏宁为代表的电商企业,还是以抖音、快手为代表的短视频平台,甚至微信、微博等互联网社交应用,都开始将电商直播作为拉动营收增长的战略重点。

1.抖音电商

抖音的活跃渗透率维持了稳定的增长。截至2020年1月5日,抖音日活跃用户数超过4亿,这是抖音内容电商实现的前提条件,而这离不开其平台的主要用户属性。与其他的平台相比,抖音的女性用户和年轻人占比都是最高的。其中女性用户占比为66.1%,30岁以下用户占比达93%。从购买力和转化角度来看,抖音的流量质量是最高的。在用户活跃量以及视频病毒传播方式的闭环生态环境中,抖音正在为内容电商创造完美的环境条件,并以此为商家们开启全新的电商渠道。但是,依靠流量平台进行内容电商的搭建,在某种情况下还是会存在弊端的,例如,外链的跳转以及商品的展示等。过于复杂的购物流程容易导致部分消费者的流失,不利于长期使用。因此,抖音与阿里巴巴合作,让有需要的用户直接在抖音上就能购物,可以大大丰富用户的体验。这样还能给平台内容制作方提供更好的生态环境。

明星和网红带来的"流量经济"

2.快手电商

自2011年"GIF快手"创立,快手在2013年转型为短视频社交平台,并分别于2016年和2018年推出直播功能以及电商解决方案。快手电商常被解读为电商4.0版本——跨越文字、图文、广播电视三种传播形态的互动式实时传播。《2020快手电商生态报告》数据显示,2020年1—6月,快手平台电商交易总额达1 096亿元,较2018年的9 660万元增长了1 000多倍,且已成长为全球范围内商品交易总额第二大的直播电商平台。值得注意的是,快手电商买家平均月复购率达到60%。

课后习题
和参考答案

5 电子商务创新创业经营管理

在网络经济时代,电子商务已不仅仅是一个现代化的商业模式,更是一种现代化的企业经营管理思想。

5.1 运营管理

课件

如何解决电子商务平台运营管理的问题并提高管理水平是相关企业必须要思考的。下面分析其所面临的挑战并针对问题提出相关解决措施。

5.1.1 我国中小电子商务企业运营管理存在的问题

1. 相关法制不健全

相比较传统企业而言,电子商务平台作为一种新型的商业运营模式,其相关的法律制度不够完善。当电子商务企业出现相关问题时缺乏相关的法律进行约束,同时中小电子商务企业的运营及交易的虚拟性容易滋生偷税漏税等问题,需要税收制度的针对性完善。

2. 缺乏有效的科学发展战略

中小电子商务企业的经营管理者往往只重视战术问题,将大部分精力放在商品前期的拍摄与后期处理方面,认为做好推广,吸引顾客就是做好电子商务的关键。一个企业没有一个长期的发展战略和规划,忽视战略问题,往往会造成一味追求眼前利益甚至违反道德及出现法律问题,导致中小电子商务企业在经营方面存在随意性和投机性。

3. 专业电子商务人才的缺乏

社会市场要求电子商务人才不仅要熟悉企业运营管理的相关知识,同时还要有熟练的IT技术,而这类复合型人才正是电子商务行业所缺少的。与此同时,中小企业的规模限制及薪金差异往往使之不能吸引到优质人才,只能留住一般性技术人员及业务人员,进一步影响了中小企业的电子商务发展。

4. 投资能力较弱

电子商务对现代化的电子设备及网络的要求较高,因此投资也相对较大。但由于中小电子商务企业规模较小、信用担保能力不高,一些金融机构和证券市场不愿给中小企业贷款,造成中小企业融资困难。同时政府的政策和资金扶持较少,导致中小企业很难扩张规模,也没有过多的资金进行品牌的维护。

5.1.2 提升企业运营管理水平的策略分析

1. 完善法律环境建设

电子商务作为新兴的商业模式,现有的法律制度还不能够提供完善的保障和规范。一方面要对现有的商务性法律条文进行针对性调整,另一方面还要增加具体的电子商务法律条文,使之适应电子商务的发展需要,保障电子商务的合法有序发展。法律制度的完善要做到保障电子商务的安全性,尤其是网络安全及电子交易的安全问题需要得到立法的保障。完善法律制度还需保证法律制度的指导性和协调性,法律条文不能对电子商务具有太多的干涉,而是能够提供指导性意见,为电子商务的经营管理营造良好的外部环境。

2. 增强人才的培养和吸引力度

加强对员工的专业培训力度,为员工提供学习专业电子商务技能的良好环境,这不仅能够激发员工的积极性,还能减少人才的流失。为节约中小企业的人工成本,公司可请业务技能优良的员工对新员工进行针对性的培训;同时可以借助高校的平台聘请高校的专业老师定期对员工进行培训,并欢迎高校的学生来本单位学习工作。企业要想吸引并留住优秀的电子商务人才,必须建立一套完备的人才引进制度。这需要政府、企业和高校之间建立长期合作,高校为企业培养更多专业的电子商务人才作为人才储备,政府帮助企业制定相关的管理体制制度。

3. 供应链管理创新

所谓供应链,就是指围绕核心企业、满足客户需求,对贸易中的一系列环节进行管理追踪并确保商品到达顾客手中的整个流程。其中协调各环节的要素就是供应链管理。电子商务在企业经营管理上的合理应用能有效地创新供应链管理,保证各个环节的正常运行,从而在最短的时间内为客户解决问题。

4. 企业组织创新

企业每个岗位的工作性质不同使得组织机构特点鲜明,如各个岗位之间分工明确、职责明晰,但由于企业部门繁多且层次等级森严,企业必须要制定大量的规章制度来适应新时代下企业的发展,从而进一步提高企业的核心竞争力。在这样的社会发展背景下,企业组织创新"扁平化组织结构"应运而生,这一结构提高了信息的时效性和准确性,使得企业各部门之间积极配合,从根本上完善了企业经营管理系统。

5. 电子商务物流配送系统的完善和创新

消费者收到商品以后支付并确认收货是电子商务交易活动的完成标志。由于双方在进行贸易活动时并不熟识,所以彼此间的信任就是商品成交的关键点,这也是企业赢得好口碑、开拓更大市场的重要途径。在电子商务物流模式下,物流配送要根据客户所在的地址及时更新,选择最快最佳的配送方式,确保商品在不损坏的前提下及时送达,赢得客户的信赖,从而完善物流配送系统。

5.1.3 电子商务数据化运营

独角兽企业

大数据(Big Data)或巨量资料,指的是所涉及的资料量规模巨大到无法通过目前主流软件工具,在合理时间内达到撷取、管理、处理并整理成为帮助企业经营决策更积极目的的信息。电子商务发展过程中,数据化运营是提高经济效益的一个重要依赖手段。鉴于此,下面基于数据化运营的视角,以淘宝店铺的运营为例,从对店铺首页数据、详情页面、动态店铺评分系统、成交转化率等信息的关注来探析了电子商务环境中的数据化运营。

1. 首页数据

典型的电子商务数据分析指标

淘宝店铺在具体的运营过程中,卖家需要及时对自家店铺的首页数据进行关注,关注的内容主要包括下列几项:首页跳失率、用户对首页的浏览量、首页的访问深度、首页访客量。具体来说:①首页跳失率,它是以首页访客的总数为基础来进行计算的。用户对首页进行访问后,直接跳出的用户数量占总数的比例就是所谓的首页跳失率。这个数据可以让淘宝卖家对自己店铺的吸引力有一个简单的了解。首页跳失率与店铺对用户的吸引力是成正比的,就店铺首页而言,装修要别致,而内容要精致且有所突出,以此来让浏览者很快注意到卖家设定的活动,并且及时找到自己所需要的主题。②用户对首页的浏览量,它主要涵盖了直通车、买家分享、博客、买家收藏等站外推广方面的内容。基于此,首页浏览量在数据分析中也有着自身独特的作用:可以及时对淘宝店铺页面的总浏览量进行收集,并加以分析。③首页的访问深度,它是从用户的角度来讲的,指的是"用户在一次性状态下,对相关淘宝店面页数的持续访问情况",简单来说就是"用户同一次对淘宝店铺页面数的浏览情况"。④首页访客量,指的是"对淘宝店铺进行访问的总人数"。在对访客量进行计算的时候需要注意:对于一天之内对店铺重复访问的用户,要将其作为一个访客来计算。店铺的访客数量可以及时地反映实际访问淘宝店铺的人数,从而判断用户对淘宝店铺的关注度。

2. 详情页面

在详情页面的数据分析过程中需要把握:用户对页面的浏览量、用户在详情页面的停留时间。具体来说:①用户对页面的浏览量指的是"页面被访问的总次数"。具体的计算中,只要页面被点击一次,就可以将其计到浏览量中。②用户在详情页面的停留时间指的是"平均每个用户对淘宝店铺进行不间断访问的过程中,在各个详情页面中的停留时间"。鉴于此,在具体的运营过程中,卖家要注意优化商品页面的内容,对商品的详情介绍进行装饰,做到丰富、美观,从而对顾客形成更大的吸引力,延长他们在页面的停留时间。

3. 动态店铺评分系统

就淘宝店铺而言,其动态评分系统主要涵盖以下几个指标:卖家的服务态度、店内商品的符合度、卖家的发货速度。对这些数据的分析有一个时间期限:淘宝卖家与买家进行交易后的180天以内。在这个大前提下,店内商品的符合度指的是"买家收到的商品与卖家对商品描述的符合程度"。具体可以反映以下几方面的问题:商品描述的真实性、商品的细节实拍、商品细节阐述等。其次就是卖家的服务态度,卖家的服务态度也同样受到相关因素的制约,例如淘宝客服的专业性。需要注意的是,淘宝动态店铺的这几项评分内容是相互联系的,能够及时反映出店铺的运营情况。

4.成交转化率

成交转化率指的是"淘宝店内商品的成交人数占总访客数的比率"。对此,淘宝店铺的卖家需要注意:不同类目以及同一类目的相同或者不同阶段的转化率都是不同的,而商品的价格则是其制约因素。因此,淘宝店铺的卖家要想进一步提高成交转化率,就要注意把握两个要点:一是把握浏览者向咨询者的转换。即用户进入淘宝店铺,对相关的商品信息进行浏览之后,如何将其转换为有购买意愿的买家,并进一步向卖家进行咨询。其中,影响转换的因素主要有:商品质量保障、页面设计、商品的展示、店内的促销活动、商品的销量等。二是咨询者到付款成功者的转换。这个转换过程的影响因素主要包括:淘宝客服人员的说服力以及商品的质量。很多情况下,愿意向卖家进行商品咨询的用户的下单意愿都较高。

5.2 团队管理

数据化管理

5.2.1 电子商务人才需求

电子商务人才需求急剧增长。但现状是:企业和用人单位找不到合适的人才,众多电子商务专业的学生却处于失业状态。本应是人才供需两旺的大好局面,可事实却刚好相反,主要原因是:一方面,当今电子商务人才培养模式存在一定缺陷,学生本身对自己的专业缺乏准确的认识,没有自觉学习的意识,缺乏实践与解决实际问题的能力。另一方面,电子商务以及互联网方面的人才需求量巨大,且呈上升趋势。人才需求缺口巨大,行业现存技能熟练人才稀缺,招聘难度大,企业间人才竞争激烈,造成了人才流动性大。

1.电子商务人才划分

电子商务人才划分的方式很多。①按种类划分:IT 领域的技术人员、企业决策者和各级管理者、电子商务涉及的不同领域的员工。②按行业划分:技术类、市场营销类、其他类别。③按职业资格划分:高级电子商务师、电子商务师、电子商务员、助理商务师等。④按人才岗位划分:技术类人才岗位方向包括电子商务平台设计、电子商务网站设计、电子商务平台美术设计;商务类人才岗位方向包括企业网络营销业务、网上国际贸易、新型网络服务商的内容服务、电子商务支持系统的推广、电子商务创业;综合管理人才岗位方向包括电子商务平台综合管理、企业电子商务综合管理。

2.电子商务人才层次

电子商务对人才的需求有其自身的特点,需要既掌握信息技术又通晓管理、经济理论,具有营销、金融、国际贸易等方面知识的复合型人才。电子商务人才可分为三个层次:①领导管理层,是高层次电子商务人才,其特点是通晓电子商务全局,懂得"为什么要做"电子商务,并熟知至少一个行业或一种模式的电子商务理论与应用,能够从战略的角度上分析和把握电子商务发展特点和趋势。②应用操作层,是商务型电子商务人才,其特点是精通现代商务活动,充分了解商务需求,同时具备足够的电子商务知识,懂得电子商务"能做什么",善于提出满足商务需求的电子商务应用方式。③技术支持层,是技术型电子商务人才,其特点是精通电子商务技术,掌握电子商务技术的最新进展,同时具备足够的现代商务知识,善于理解商务需求,懂得"怎样做"电子商务,并能够以最有效的技术手段予以实施。

5.2.2 创业者与创业领袖

1. 创业者需具备的素质

成功的创业者应具备的基本素质主要包括:良好的身体素质、创业意识和激情、健康的心理素质、强烈的竞争意识、诚信为本的意识、坚定的信念、不畏困难的勇气。此外,成功的创业者一般还具有以下特质:乐观性、社交性、坚毅性、活力、进取心、领导性、冒险性、求变性、创造性和敏感性等。

2. 创业者的知识结构

创业者的知识结构对创业起着举足轻重的作用。创业者要有创造性思维,要做出正确决策,必须掌握广博的知识,具有一专多能的知识结构:①用足、用活政策,依法行事,用法律维护自己的合法权益。②了解科学的经营管理知识和方法,提高管理水平。③掌握相关的科学技术知识,依靠科技进步增强竞争能力。④具备市场经济方面的知识,如市场营销、财务会计、贸易和金融等。

3. 创业领袖的特质与职责

(1)创业领袖的特质

创业领袖必须要有旺盛的精力,并全身心投入工作。优秀的创业领袖不仅要有优秀的领导才能,还要懂得分权,不会事无巨细都去过问,只是掌控方向,并在关键时刻或关键问题上进行控制。创业团队在起步阶段,资源有限,一切程序均未步入正轨,创业领袖极有可能需要身兼数职,并且需要具备很强的协调能力。富有远见、优秀的创业领袖要为团队指明正确的发展方向。诚信是创业的立足之本,创业领袖的品质决定企业的市场声誉和发展空间。信心是创业的动力,创业领袖要把自信传达给每个团队成员。创业领袖不仅自己要对所从事的工作抱有特别高的热情,还要能激发团队成员的工作热情。工作热情是团队完成目标和任务的一种催化剂。创业领袖需要有特别坚定的信念和坚韧不拔的性格,在逆境中找到新的机会,扭转不利局面,坚持创业从而获得成功。创业领袖要能根据形势变化及时调整团队目标,使团队的产品和服务符合社会发展的需求。在向目标努力的过程中,如果遇到无法克服的困难,创业领袖要及时调整策略,灵活解决问题。

(2)创业领袖的职责

创业领袖的职责主要包括:组建创业团队,确立团队目标,打造团队执行力,制定团队的阶段性目标,并明确每位团队成员的任务。创业领袖需要关注团队成员的状况,及时发现问题,并帮助成员解决问题,从而保证团队目标的顺利实现。建立责、权、利统一的团队组织策略和管理机制,进行企业文化建设。创业领袖需要创造条件积极争取获得人力资源、社会资源、物质资源、财务资源、技术资源和组织资源,但最好的办法是对现有资源进行整合,充分利用好已有的资源,发挥资源的杠杆撬动作用。团队领袖要对员工进行指导、引导和激励,还要有魄力去聘用比自己更优秀的人,并能按照每个人的特点安排合适的职位和工作,做到人尽其才。

5.2.3 创业团队组建与管理

乔恩·卡曾巴赫与道格拉斯·史密斯在《团队的智慧》一书中指出,所谓团队是指一组具有共同的奋斗目标、共同的行动策略、彼此之间知识与技能相互补充、成员个人的成功要依靠其他团队成员共同努力及人数通常少于二十人

失败团队领导者的10个特征

的团体。创业者愿意选择以团队的方式开展创业活动。创业团队一般由两个或者两个以上的创业者组成,成员之间拥有统一的创业理念和价值追求,并且愿意共同承担风险、收获利益。团队创业的成功率并不明显高于个人创业,其主要原因不外乎两点:一是团队失败于决策分歧;二是团队困于利益冲突。有效的创业团队管理要解决决策分歧和利益冲突的问题,而这有赖于创业团队找到适合的结构模式。

1. 创业团队的结构

创业团队可以从三方面入手来进行结构管理,分别是知识结构、情感结构和动机结构。知识结构反映的是创业团队成功创业的能力素质;情感结构是创业团队维持凝聚力的重要保障;动机结构则是创业团队实现理念和价值观认同的关键因素。①知识结构管理的核心是建立以创业任务为核心的知识和技能互补性,强调创业团队有足够的能力来完成创业相关任务。知识和技能互补性是创业团队实现有效分工的重要依据,取长而非补短是重要原则。②情感结构管理的重点是注重年龄、学历等不可控因素的适度差异。中国文化注重层级和面子关系,如果创业团队之间年龄和学历因素差距过大,成员之间发生冲突和争辩,很容易导致彼此感觉丢面子而演变为情感性冲突。一旦出现这种情况,创业团队将不得不把时间和精力浪费于沟通方式设计和内部矛盾化解,内耗大于建设,不利于创业成功。③动机结构管理的关键在于注重团队为什么创业。成功的创业管理能将分歧和冲突转变为正面决策,创业团队的最佳结构模式依赖于成员理念和价值观的相似性。相似的理念和价值观有助于创业团队保持愿景和方向的一致性,有助于创业团队克服创业挑战而逐步成功。

创业团队的结构管理是兼顾三方面结构要素的平衡过程,短板效应非常明显。但是现实中,人们往往过分重视知识结构的互补性,而对情感结构管理和动机结构管理重视程度不够,因此引发的问题往往会随时间而严重,一旦创业出现困难和障碍,往往会转变为创业团队的内耗和冲突。

2. 创业团队组建的过程

创业团队的组建是一个复杂的过程,不同类型的创业团队组建步骤不尽相同,但过程大体是相同的。①明确创业目标,团队成员向着共同目标迈进。②制订创业计划,对创业目标进行分解,确定创业阶段不同时期需要完成的任务,并通过逐步实现阶段性目标最终实现创业总目标。③招募志同道合、优势互补的团队成员。④团队职权划分,具体确定每个团队成员所担负的职责和享有的权限。⑤构建创业团队的各种约束制度和激励制度,将创业团队的制度体系以规范化的书面形式确定下来。⑥针对团队前面工作过程中出现的问题,不断调整融合创业

团队。

3. 团队组建的主要原则

建立促进合作和学习的决策机制是发挥创业团队结构优势、进而成功创业的重要途径。创业事业能否继续下去,在很大程度上取决于核心团队成员能否看到其他人的长处,不断相互学习。具体而言,创业团队的互动过程建设应遵循的原则是:①建设合作式冲突的氛围和文化。创业团队成员间一定会有冲突,关键在于创业团队遵循一致目标,鼓励看到对方观点和建议的长处和价值,不要认为对方在挑战自己的权威。合作式冲突的氛围和文化往往能够充分调动每个人的潜能和专长,形成相对有效的决策方案和机制。②避免竞争式冲突。所谓竞争式冲突,即创业团队成员之间观点争论的目的并不是达成某种共识,而是固执地认为自己的观点正确,听不进去其他成员的观点。创业过程既需要充分吸收多样性观点,又需要保证快速做出决策。听取成员观点并不意味着依从,关键在于整合。这需要建立成员充分发表看法和观点的开放性机制,同时又需要快速形成决策结果的集中性机制。

4. 创业团队管理

(1)基于目标管理的创业团队管理

1954 年,美国管理学大师彼得·德鲁克在其著作《管理实践》中最先提出了"目标管理"的概念,他认为先有目标才能确定工作,如果一个领域没有目标,这个领域的工作必然被忽视。目标管理是以目标为导向,以人为中心,以成果为标准,使组织和个人取得最佳业绩的现代管理方法。目标管理亦称"成果管理",俗称责任制,即管理者通过目标对下级进行管理,当组织最高层管理者确定了组织目标后,必须对其进行有效分解,转变成各个部门以及各个人的分目标,管理者根据分目标的完成情况对下级进行考核、评价和奖惩。

①加强成员间的沟通,建立信息交流与反馈平台。要加强团队成员之间的沟通,缓解组织中的敌对情绪,加深团队成员之间的相互理解,满足团队成员的信息对等需求,营造团队和谐融洽的创业氛围。建立团队成员相互之间平等交流、沟通的平台,通过此平台,上级可以倾听、搜集下级的意见,下级可以向上级传递、反馈自己的问题与想法,最终形成具有较强凝聚力的创业团队。

②统一个人目标与团队目标。根据目标管理法,将企业总体目标逐级分解,从总体目标到经营单位目标,再到部门目标,最后到个人目标,从上到下,权、责、利三者明确。从下到上,个人目标实现了,部门目标也就实现了,依次往上,各分目标与总目标相互配合、协调统一,最终总目标得以实现。

③依据"成果"进行分配。"没有规矩,不成方圆。"在创业初始就合理地对每个成员进行职责上的分配,明确每个成员在团队中所负担的责任及拥有的权力。在清晰的职责分配基础上,秉承多劳多得、效率优先、兼顾公平的分配原则,在一开始就设立各成员都认可的利润分配制度,即便还没有利润,也能避免将来因为利益分配产生冲突。

④适度集权。集权是指决策权在组织系统中较高层次的一定程度的集中。适度集权有利于政令统一、标准一致,便于统筹全局;有利于形成统一的企业形象;有利于集中力量应付危局。对于初创企业来说,一开始企业规模较小、事物繁杂、千头万绪,需要快速做出决策的情况

阿里十八罗汉
和阿里合伙人

较多,在这时,适度集权的领导能使企业运作效率更高。

（2）基于沟通视角的创业团队管理

①要注重团队成员个性,丰富沟通的方式技巧。世界上每个人的性格不同,通过对团队成员的调查了解,将个性和能力合适的成员分配到一个领域或者工作中,成员个性、能力互补,这样可以增加组织的活力和柔性。因此,团队成员的性格类型应该强弱、刚柔互补,这样可以减少矛盾。

②要优化利润分配方案,创设沟通的利益条件。优化利润分配方案,建立合理而有挑战性的薪酬考核体系。在具备竞争力的前提下,按贡献大小、能力和绩效等综合因素予以合理分配。世界上没有绝对的公平,但是可以建立一套对大家来说可以接受的薪酬体系,尽量做到公平、公正、公开。

③要完善各种管理制度,指定一些沟通的媒介。整合沟通渠道、沟通手段,逐步制定和完善管理沟通的各项政策制度。因此,需要分析大学生团队建设中各个阶段的沟通手段、渠道,根据团队成员对相关渠道、手段的掌握程度,选择合适的沟通渠道和沟通手段。团队管理者为实现团队的有效沟通,需统一各个阶段的沟通工具,使团队成员快速掌握沟通内容。在下达任务时,可提前通知时间和沟通渠道,以便接受者能够及时有效地去执行任务。

（3）基于心理契约理论的创业团队管理

心理契约是指一系列相互的心理期望,这些期望是契约双方相互知觉但非明确表达的,涉及双方相互关系中互相必须付出和得到的一种主观信念,可被双方互相感知,其核心内容是双方内隐的、不成文的相互责任和义务。

①引导团队成员正确认识自己,不断完善自我。通过九型人格模型或五大型人格特质模型,帮助团队成员更好地认识自我人格特质,认识身边的团队成员以及团队的承诺,从而有目的地调整自己,正确地对待自己的付出和团队的回报,实现自我与团队的良性互动。

②构建良好的团队愿景,建设优秀的团队文化。目前国内团队员工的忠诚度之所以如此低,原因固然很多,但与现代团队中员工心理契约的破裂和违背所造成的团队文化"硬伤"是密不可分的。

③建立和完善有效的沟通机制。在平时的绩效辅导和绩效面谈中就要对员工的心理契约进行调查和研究,通过有效沟通让团队成员了解团队资源、团队特征、团队所处的环境等,以降低团队成员的心理预期,从而减少心理契约违背的次数。

④不断提高领导者的素质,发挥团队领导者对巩固团队心理契约的作用。在创业的过程中,面对出现的新情况、新问题,发挥团队领导者指挥、带领、引导和鼓励团队成员的作用,有利于及时消除成员心理的迷茫,实现角色的正确定位。

（4）大学生创业团队管理的路径

大学生创业团队遇到的风险与挑战是客观存在的,但可以通过加强团队队伍建设、制定严格的管理制度等措施将创业团队的发展风险降到最低。

①加强团队队伍建设,增强团队凝聚力。首先,引导团队成员客观认识自己,不断完善自己。可以通过一些科学的测量工具如九型人格模型来帮助团队成员科学判断自我人格特质。其次,不断提高领导者的素质。再次,建立和完善有效的沟通机制。最后,构建科学的团队远景目标。可以采用"登门槛"效应,由低至高,逐步实现目标。

②制定严格的制度,实现科学化管理。大学生创业团队要实现高效管理,需要制定严格的

高效的
创业团队

团队管理章程和合理的股权分配方案。团队管理章程的制定要定位科学,目标明确,思路清晰。股权分配方案在创业团队创立之初,就应确定下来,最好通过公证,使其具有法律效应,股权分配之后还需要有一个合理的利益分配体系作为补充。

③建立学习型组织,保持团队的学习能力和创造能力。学习型组织是一个善于获取、创造、传递知识的组织,同时该组织具有较强的反思能力,善于发现与总结,通过不断修正自身的思维与行为方式来适应新知识和新见解的冲击。建设学习型大学生创业团队要重点做好以下几方面工作:建立专门的管理部门;营造团队的学习氛围;构建培训和学习体系;构建知识共享和交流平台。

④完善高校创业教育体系,提高大学生创业能力。高校应不断完善创业教育体系来帮助大学生提升自身的创业素质,具体措施包括以下几个方面:进行系统的创业知识培训;建立产学研相结合的创业教育模式;提升创业教育方面的师资水平,加大教师的培养与培训力度;同时鼓励教师深入企业,掌握企业运作与发展的第一手资料。

⑤构建创业服务体系,助推大学生创业。大学生创业的发展,离不开社会各界的支持。在创业氛围的营造上,积极优化有利于创业的舆论环境,充分利用各种媒体宣传方式;积极树立创业典型;国家及各级政府应积极制定大学生创业优惠政策,并保证各项政策能够落到实处;同时,高校应整合校内外资源,完善创业园建设。大学生创业团队必须把团队建设放在首位,努力提高团队的战斗力,使企业在激烈的市场竞争中求得生存与发展。

5.3 财务管理

组建初创团队最常见的10个大坑

财务管理是现代化企业内部管理工作的重要内容,有效的财务管理是企业进行正常生产经营的基础。在大学生创业实践中,模拟经营的公司和实体企业都必须进行有效的财务管理。

5.3.1 财务管理与创新创业

1.创新创业项目中财务管理的目标和必要性

加强创新创业项目中的财务管理,是为了能使其在生产经营中综合经济管理模式的控制和实施得以加强,从而获得更大的经济效益。在创新创业项目的管理中必须把财务管理放在较高位置,为了企业的财务管理目标能够实现,必须要先考虑财务管理目标的各影响因素,不仅企业本身管理决策的各种因素影响着企业财务管理目标,而且企业外部环境也是影响企业财务管理目标不可或缺的因素。在技术不断革新、经济不断发展的时代,在创新创业项目中,作为企业管理的核心,财务管理也必须随着经营形势的转变而改变战略方针,实现公司经济利益最大化。

2.解决创新创业财务管理相关问题的方法

(1)培养财务风险意识

在商业社会中,风险和收益是并存的,且一般成正比,大学生创业者在看到预期收益的同时也要懂得财务风险无处不在,防止盲目乐观。创业期间不同阶段要合理进行财务管理,不同创业期面临的财务风险不同,初创期要防止固定资产过度投资、成本把控不严,发展期、稳定期防止盲目扩张,合理安排资金,防止出现创业公司流动资金和非流动资金财务结构失衡问题。资产负债率要控制在较安全的区间,流动比率合理,提前制定财务风险预防机制等。

（2）掌握财务管理基础知识

大学生需要从自身出发培养财商,将财务管理知识运用到管理个人日常开支中并形成报表,进行财务分析,管理好个人财务。这样逐步理论联系实际,应用并掌握基础财务管理知识,不仅能增强个人财商能力,为未来生活准备,也为创新创业财务管理实践做好了知识储备。另外,可以通过对商业环境进行模拟,模拟创业,从事前、事中、事后做好财务管理实践。在经济条件允许的情况下,也可以选择创业成本低、见效快的创业项目来进行财务管理实践。

（3）增强创业融资实践

学习撰写项目计划书,参加路演,向提供大学生创业专项贴息贷款的机构进行债务融资,或通过银行进行个人贷款,当创业项目发展壮大,获得投资人青睐时,选择适合的投资机构进行股权融资。

5.3.2　避免财务困境的原则和方法

创业者了解和掌握如何有效运用资金、怎样合理分配资金、怎样构建适用于创业企业的财务控制体系,以此强化创业者的成本意识、资金控制能力,为创业企业开展财务管理提供有力保障。避免财务困境的原则和方法包括:①建立健全财务会计核算体系。创业者应赋予财务机构在公司管理体系中应有的职能,将业务流程与财务流程进行融合,规范财务与业务运作,提升企业的管理效率。②维持稳定现金流。创业者应该牢牢树立"现金至上"的观念,对于现金流要保持持续和密切的关注,并做好积极稳妥的融资及销售回款安排。③明确核算是财务管理的核心。依照企业的发展阶段,对公司财务进行科学有效的管理,将核算工作作为核心工作,及时服务决策,提高企业竞争力。④建立和完善监督体制。如果监督体制不完善,企业的发展会受到制约。财务体系出现的各种漏洞无法及时得到修补,则会对公司盈利造成不利影响。⑤建立财务制度。企业只有对资金、成本、利润的管理都建立完整合理的制度规范,资金使用审批、利润分配原则、成本管控等才能得到有效的管理。⑥搭建合理明晰的股权结构。合理的股权结构有利于公司的管理和运营,同时也有利于财务监督和管理,对公司保持活力和可持续发展具有重要意义。⑦选择优秀的财务经理及团队。财务总监/经理在创业团队中占有很重要的位置,一个好的财务负责人和他的团队能够很好地掌控财务状况,为公司决策提供有效支撑。⑧掌握

给创业者的
10条财务建议

必要的财务知识。创业者掌握必要的财务知识,才能对企业的运营情况有一个清晰的了解,从而把握企业发展的脉络、方向和节奏。⑨积极关注政策信息。创业者应该及时关注相关政策信息,这有助于企业获取必要的扶持资金,并把握各类政策对于企业税收和财务工作的影响。

5.4　融资管理

当今创业融资存在的问题严重影响着创业的成功率,这也是创业之路止于中途的重要原

因之一。基于创新创业教育的研究,旨在从创业融资的现状入手,针对创业过程中的融资模式和渠道展开研究,剖析创业过程中融资难的深层次原因,并提出对策和建议。

5.4.1 创业融资的现状

1.融资的概念

从狭义上讲,融资(Financing)即是一个企业的资金筹集的行为与过程。企业采取一定的方式,通过相关渠道获得经营所需的资金,即为资金的融入。广义上来说,融资也被称为金融,即货币资金的整合与资源配置,各方通过信贷或抵押向金融市场筹集或出借资金的行为。

2.创业融资的困境

创业融资问题是如今被认为决定创业项目成败的关键因素之一。导致资本融资存在诸多问题的原因又有很多,这些因素特征使这类群体在融资过程中显然不同于社会企业家与资深创业者,增加了自主创业的不确定性和风险性。

(1)融资渠道狭窄,获取资金方式单一

融资渠道制约着融资方式,大学生的主要融资方式是人脉借款,间或获得国家小额信用贷款,这些有限的融资方式不仅限制了他们所获得的资金数量,极易引发后续资金不足的潜在风险,更会影响到其他社会资源的培养与获取,如人力资源和社会资源,这给企业的成长带来了巨大的挑战与风险。

(2)融资数量不足,创业专项资金有限

虽然国家近些年来极力提倡自主创业,但由于国家财政支出有限,产生影响不大;其次高校资金相对紧张,一些大学只为学生投入少量创业孵化基金,或者象征性地为学生建立一个初创孵化基地。通过以上渠道所获得的创业资金都很难满足创业资本的基本需求。

(3)融资程序复杂,风险投资机制不健全

政府在处理相关贷款项目的问题上,流程相当复杂且效率不高。而另一种获取创业资金的形式——风险投资基金,由于自身缺乏创业和信贷经验,风险投资公司往往存在很多疑虑,这使投资企业的发展条件更加艰难。目前的风投机制不够健全,无法为创业提供有利的资本支持。

3.创业融资困难的主要原因

致使创业融资陷入困境的原因是多方面的,具体可从政府相关部门、高校课程教育、社会组织团体以及创业者自身四个角度进行综合分析。

(1)政府的政策宣传力度和执行力有待加强

政府在创业过程中扶持不力,在很大程度上阻碍了当代的自主创业行为,减缓了创业前进的步伐。近年来,我国地方政府相继出台了一系列有利于创业的优惠政策,但是这些政策中很大一部分都只停留在文件表面,落实到操作上还是不够到位,在宣传方面力度也不够。与此同时,政府的年度投资也是有限的,供需严重不均。

(2)高校创业融资实际操作层面的培训和指导方面存在不足

作为学习知识、发展技能的场所,高校也与创业活动密不可分。而高校创业扶持基金投入过少并缺乏一定资金投入进行指导和监督,容易降低在创业过程中的资金使用效率;与此同时,高校提供的有限资金使用地更为分散。由于每个项目的资金有限,即使项目最终取得成功,也无法在高校创业基金中获得更多的后续注资,高校在解决大学生自主创业的资金问题上没有有效地发挥其作用。

(3)各类社会机构在创业资金扶持方面未能有效配合

首先,尽管整个社会都支持和鼓励创业,但社会尚未形成促进创新创业精神的文化,学生获得启动基金的最佳途径是向朋友、亲属借钱。其缺陷在于这种方式受制于家庭条件,同时,大部分亲友对于学生创业持保留态度,创业难以获得支持。其次,创业融资也可以通过银行贷款来完成。银行贷款具有门槛很高的缺点,这对于创业者来说,是一个非常大的难题。因此,虽然创业贷款政策已经推行多年,但是申请创业贷款的学生人数依然较少。

(4)创业者需提高自身融资能力

从自身角度来看,当今创业者虽然个性十足但缺乏毅力和自制力,并且其创业的实践经验、创业技能以及社会阅历都比较欠缺。缺乏经验的创业者无法主动通过市场调研获得相关信息,而是单纯进行理想化的推理,这种方式也是导致失败的关键。其次,创业项目本身具有缺乏吸引力、技术含量低、创新性不强等特征,都使得该群体难以获得社会融资群体的认可,这同样是创业问题中的一个关键因素。另外,大部分创业者在上学期间没有积累足够的创业相关知识,并且只有极少数能够将理论实践化、学以致用,这一系列问题都将是融资的瓶颈。

5.4.2　电子商务创业融资方式

电子商务企业对于资金往往有着强劲需求,融资是围绕电子商务企业发展的一个核心问题,一般有以下几种方式。大学生需要充分了解不同融资渠道所具有的特点,并需要根据自身创业融资需求做出合理选择。

1. 天使投资

天使投资是自由投资者或非正式风险投资机构对原创项目构思或小型初创企业进行的一次性的前期投资。天使投资是风险投资的一种,是一种非组织化的创业投资形式。天使投资是风险投资的先锋。

2. 风险投资

风险投资(Venture Capital,VC)泛指一切具有高风险、高潜在收益的投资。电子商务企业可以通过多轮融资获得风投,A 轮之后就是 B 轮,还可以有 C、D、E、F、G 轮,然后是夹层投资 Pre-IPO 基金,再过渡到首次公开募股(Initial Public Offerings,IPO)。风投公司与其投资的部分中国电商企业如表 5.1 所示。

表 5.1　风投公司与其投资的部分中国电商企业

风投公司	风投公司简介	投资的部分电商企业
老虎基金	由朱利安·罗伯逊创立于1980年,是举世闻名的对冲基金	卓越网、当当网、京东、阿里巴巴、凡客诚品、乐淘网
IDG 资本	IDG 技术创业投资基金,于1992年由全球领先的信息技术服务公司——国际数据集团(IDG)建立,是最早进入中国市场的国际投资机构之一	凡客诚品、小米科技、爱购网、知我药妆、三只松鼠、聚尚网、米折网、ROSEONLY
红杉资本	1972年在美国硅谷成立,在成立之后的30多年之中,红杉作为第一家机构投资人投资了如苹果、谷歌、思科、甲骨文、雅虎、领英等众多互联网公司,并投资了多家中国高成长性企业	新浪网、阿里巴巴、酒仙网、万学教育、京东、唯品会、聚美优品、豆瓣网、高德、乐蜂网、奇虎360、大众点评网、快乐购、牛车网

3. 创业板市场及海外上市融资

我国创业板上市开板于 2009 年 10 月 30 日,是地位仅次于主板市场的二板证券市场,其设立目的之一就是扶持中小企业。在我国创业板上市须满足如下条件:股票已公开发行,公司股本总额不少于 3 000 万元,公开发行的股份达到公司股份总数的 25% 以上;公司股本总额超过 4 亿元的,公开发行股份的比例为 10% 以上、公司股东人数不少于 200 人;公司最近 3 年无重大违法行为;财务会计报告无虚假记载。这样的条件对于电子商务企业来说,还是有点高的。创业板的推出还需要进一步引起电子商务行业的足够重视,使得更多的电子商务企业在创业板上市。目前已有发展相对成熟的电子商务企业走出国门,选择上市条件较好、融资能力较强的海外去挂牌上市。例如,2007 年阿里巴巴 B2B 业务在香港上市,融资 116 亿元,一度刷新中国互联网上市公司的历史规模,股价最高达到每股 41.8 港元。一些较为成熟、公司治理结构较为规范的企业,会积极考虑以这种方式去筹集资金。

4. 以银行为代表的信贷方式

银行针对电子商务企业的贷款方式主要是抵押贷款和信用贷款。银行的抵押贷款主要接受固定资产(如土地或房产)的使用权做抵押(也称为债权方式)。与大型企业相比,中小电子商务企业的固定资产所占比例不高并且信用体系不健全,获取较高的贷款额度是相对困难的。因此,出现了一种金融创新产品。对于那些提供较多中小企业融资产品的银行,可以开展一项联保贷款,即针对互相熟悉、产业关联或具有产业集群特性的企业,可以自愿组成一个担保联合体,并仅限于为其成员提供连带责任担保,申请贷款一般不需要其他的抵押物。当前,银行的信贷额度越来越紧,加之中小电子商务企业风险性较高,导致融资能力较弱的中小电子商务企业很难获得银行的贷款支持。

5. 网络融资

网络融资是指建立在网络提供中介服务基础上的企业与银行或第三方机构之间的借贷。贷款人通过在网上填写贷款需求申请与企业信息等资料,借助第三方平台或直接向银行提出贷款申请,再经金融机构审批后发放贷款,是一种新型融资方式。

我国网络融资经营模式主要有两类。①做银行金融业务前端流程的外包服务商。网络信贷企业与国内银行共同拓展合作,主打"贷款超市"概念,提供金额不等的小额贷款业务。②以企业网上行为参数为基础综合授信。B2B电子商务公司将其平台上的"网商网上行为参数"引入授信审核体系,对贷款信息进行整合处理,帮助银行提升授信审核效率,增加企业获得贷款的概率。

网络融资服务面临诸多风险与挑战,如法律、监管方面的制约,电子化、网络化信息需要整合以完善电子商务企业的征信体系,政策多变及第三方支付的规范等。但网络融资未来前景广阔,中小电子商务企业可以加深对网络融资的了解,如果在融资前做好准备,可节约成本去获取所需资金。

6. "平台+小贷"的融资形式

随着国内创新创业热潮以及小额借贷需求的高涨,互联网平台中的小额贷款服务也呈现出了较大的发展空间。在大学生创业融资过程中,阿里小贷是"平台+小贷"融资渠道的代表,这一小贷平台可以依托于天猫、淘宝网等电子商务平台,对小贷申请者的后台交易记录做出分析,从而对小贷申请者所具有的征信水平、偿还能力等做出判断。与此同时,这一小贷平台也可以根据小贷申请者信息做出用户画像,从而为贷款决策提供支撑。

7. 众筹众投融资模式

众筹(Crowdfunding)即大众筹资。众筹的构成主体主要有:发起者、支持者、众筹平台。网络众筹的一般过程为:发起者多半有创意或项目,但缺少资金支持、市场经验。通过注册众筹网站的会员,就能提出项目的融资申请,取得资金支持。支持者多半认可项目,又有闲置资金,为获得物质或精神上的回报,愿意出资支持项目。支持者往往通过第三方支付、网银支付等网络支付方式在网络上完成资金支持工作。项目筹资成功之后,众筹平台收取一定的佣金或服务费。发起者、支持者和众筹平台的协同推进,使众筹融资形成了多种发展趋势。众筹呈现出聚沙成塔、分散风险的融资新气象,增加了实现创新创业的可能性。众筹有以下几个趋势:平台专业化、投资本土化、众筹企业化、众筹经济发展、现场众筹。众筹的4种商业模式中,债权模式、股权模式属于投资模式;而奖励模式、捐赠模式属于购买模式。这些模式,能够把有助于项目、产品、服务或商业创新形式的整个生命周期筹资的各种方法结合起来。

京东商城的融资历程

5.4.3 股权稀释

股权管理、股权分配、股权稀释等资本方面的运作,是创业者在创业道路上必然会触及的部分。创业企业在不同的发展阶段对于股权的释放、股权的控制要与企业发展壮大的节奏相匹配,这样既能保护创始人、原始股东的权益,又能积极助力企业发展。

1. 股权稀释创始人出局

很多创业企业的成功都得益于融资。将企业的股权出让给投资者以获得更多外部资金的支持,而在一轮又一轮的融资中,创始人的股权会逐渐减少,这也就是所谓的股权稀释。股权不断稀释,最后导致创始人出局的状况频频发生。创业企业融资过程中,创业者特别是创始人如果不能及早地意识到风险,并把控好尺度,随着股权不断地被稀释,很可能会面临出局的窘境。

2. 股权稀释的合理控制

(1)控制融资节奏

创业公司的创始人在公司发展的不同时期,要把控融资的节奏。初创时期,创始人控制的股权要大于67%,也就是掌握公司2/3以上的控制权,这样才能确保公司的整体走向尽在掌握中。随着公司的发展需要,创始人可以考虑员工激励制度,释放一些股权,但自己控制的股权要大于50%甚至稍微多一点,为公司上市做好铺垫。当企业进入扩张期时,创始人自己控制的股权至少要有1/3,以确保拥有对重大事件的表决权。当企业已经走向成熟,可以继续释放股权,这时创始人控制的股权再少,也不会影响公司已经能够良性运转的大局。

(2)管理体系健全

有的公司设计了双层结构。例如,百度对外部投资者发行的 A 股有 1 票投票权,管理层持有的 B 股则有 10 票投票权,以这种方式保护股东权益。无论是利用公司管理制度,还是相关的章程约定,这些提前明文定义的规则在制度上大大保障了原始大股东的利益。所以,在早期就建立起保护股东利益的公司管理体系,也不失为一种方法。

(3)专业人员到位

一些得到来自国外投资的企业,会受到投资机构基金分析师的管理。基金分析师会对企业的重点决策进行专业分析,并帮助投资者免受利益损失。在国外,律师会专职负责监督大股东的行为是否侵害了小股东的利益,甚至通过法律手段解决问题。在国内,虽然上市的监督机制和国外不同,但是请专业人员介入重大决策以降低企业风险是可以参考的方法之一。

5.5 风险管理

风险管理(Risk Management)是指一个企业或者项目在一个肯定有风险的环境里,如何把风险可能造成的不良影响降至最小的管理过程。对各种风险进行有效的风险管理,有利于企业在自身运营的过程中降低决策的失误概率,使企业做出正确的决策,保护企业资产的安全性和完整性,相对提高企业自身的附加价值。

创业面临着诸如项目过程风险、环境风险、决策风险等众多风险。运用风险管理的原理揭示当前创业孵化中存在的风险,在风险原理分析的基础上,探讨风险规避的具体策略,以期提高创业教育的科学化、体系化和规范化水平。

5.5.1　电子商务创新创业的潜在风险

1. 企业的外部风险

（1）信息风险

信息风险是指信息虚假、滞后、不完善、过滥、垄断等有可能带来的损失。在信息传递过程中,如果市场行为主体不能及时得到完备的信息,就无法对信息进行正确的分析和判断,无法做出符合理性的决策。

（2）交易安全与法律风险

网上交易极大程度依赖于网络、电脑和软件,经其进行的交易大多是瞬间的、不受地理距离限制的。网上交易有着极大的不确定性,交易数据的更改、交易信息的泄漏、交易流程的破坏,都很大程度上依赖于网络交易的安全保证。实行电子商务后,可以在短时间内完成大规模的资金调运,政府可能对此完全失去监控,引发新的法律问题、知识产权风险等。企业运营过程中的法律风险主要有:融资法律风险、经济合同法律风险、知识产权法律风险、行政管理法律风险、劳动人事法律风险等。

（3）信用风险

信用风险包括卖家信用风险、买家信用风险、互联网交易平台信用风险及第三方支付信用风险。虚拟的交易双方不直接见面,在身份的判别确认、违约责任的追究等方面都存有很大困难。

（4）竞争风险

首先,电子商务改变了企业自身的竞争基础,又没有持续创新的观念和持续的人、财、物实际投入的能力,结果给自己在竞争的环境中创造了一个潜在的不利变化,使自己处于不利的竞争边缘。其次,当有些竞争者带来了更好的机会时,客户或供应商却有可能与后来的企业竞争者合作。其结果是前面投入电子商务战略的企业为他人作嫁衣,自己反而没有获得应有的回报。竞争风险的第三个来源是新进入者所带来的威胁,新的市场进入者常常更容易看到机会,实施电子商务战略的行动也更快。

（5）灾难性风险

灾难性风险包括自然灾难和人为制造的灾难。其中人为制造的灾难包括计算机病毒和硬件设备的人为破坏。计算机病毒是一种常见的恶意攻击性程序,它隐蔽性强,能破坏计算机的硬盘、程序,且有很强的传染性。它对计算机的破坏力极大,有时甚至造成整个网络的瘫痪。

（6）物流风险

物流风险是指物流过程中造成货物损坏、被盗或灭失的可能性,包括时滞违约风险和物流资源紧张风险。时滞违约风险是指由于各种原因货物没有能够按时送到。物流资源紧张风险是指线上交易成功后,卖方发现物流市场中没有可以利用的物流资源,将会给交易双方带来经济损失和纠纷。

2. 企业的内部风险

（1）技术与管理风险

技术风险主要包括:技术选择风险、网络系统风险、数据存取风险、网络安全风险。而管理方面存在的风险主要是:交易流程管理风险、人员管理风险、网络交易技术管理的漏洞的交易风险。

（2）投资风险

投资风险主要包括:①电子商务相关的固定资产折旧快,技术和经济寿命较短,变现能力差,需要持续的后续投资,加大了企业的运营成本,增加了投资风险。②电子商务无形资产投资比重大,投入大量资金进行技术开发,更增加了传统企业发展电子商务的投资风险性。③电子商务收益的增加是长期的、逐步的,企业在短期内很难收回投资,提高了传统企业的投资风险。

（3）战略风险

战略风险主要来自错误的战略导向,对某些供应商、购买方等过分信任与依赖,不恰当的公司文化,信息的缺乏等。其结果可能导致某些产品积压,某些产品供不应求。产生战略风险的主要原因是企业对自身的优势及劣势不能正确认识以及企业对外界的机会和威胁缺乏全面掌握。

（4）企业流程再造风险

在采用电子商务模式或进行"E"（Electronic）化的进程中,势必对组织内部以及组织之间的商务流程进行重新的设计和建立,会触及某些个人、部门的自身利益,遭到来自各方的抵制,而这种抵制会影响到传统企业开展电子商务的进程和效果,有时甚至会使整个企业陷入瘫痪状态。

（5）人才流失风险

人才激励机制不健全,同类企业间人才流动率高,致使人力资源成本比较高。人员稳定性降低,一方面不利于电子商务技术的推广及应用,也就相应降低了系统的稳定性;另一方面造成企业内部的商业信息和技术秘密的泄露,有可能给企业带来巨大的损失。

5.5.2　创业风险的评估

1. 创业风险评估的方法

创业风险评估是指在对创业企业面临的现实以及潜在的风险加以判断、归类并鉴定风险性质的基础上,通过对所收集的损失材料加以分析、衡量,以便合理地制定和选择恰当的风险控制方案。把风险发生的概率、损失的程度与其他综合因素结合起来考虑,确定发生风险的可能性以及危害程度,通过比较管理风险所支付的费用,决定是否需要采取风险防控措施,以及采取到什么程度,从而提高企业风险管理的科学性。

2. 创业风险预警

创业风险预警是指研究企业预防风险、有效进行风险控制,通过风险预警分析,最终增强企业的应变力和竞争力。企业的生存发展过程中处处是风险,如果不注重风险预警和控制,可能会使企业创业失败。创业风险预警包括:①人力资源风险预警。创业者的决策风险实际上是和企业的决策机制紧密相关的。创业团队也需要风险预警。新创企业在发展过程中,一定会面临核心员工离开的风险。②企业财务风险预警。企业要注重内部财务管理制度的建立和完善,杜绝不良资金的流通和使用,定期对财务状况进行审核检查,通过综合评价指标体系来判别财务风险,根据现金流量表的情况对现金支出和流入进行风险预警。

5.5.3　创业风险的防范

大学生创业虽然面临多种多样的风险,但通过各种有针对性的途径和方法仍可以有效地规避、减少、转移、化解风险。创业前做好充分的调研,拟定可行性研究报告;提高自身的创业素质和能力;熟悉和拓展市场,提高营销能力;学习有关财税法规和财税管理知识,提高资金管理和税收筹划能力;加强组织内部管理,建立管理制度;不断创新技术和商业模式,提高核心竞争力;熟悉有关法律法规,控制法律风险;提供创业教育和指导,树立风险意识,提高风险防范控制能力。

1.创业准备阶段的风险与防范

创业准备阶段损失的风险占全部创业风险的60%以上。主要风险来源包括:创业项目选择不当或商业机密泄露,仓促上阵,计划不明,对市场环境和竞争对手缺乏了解。风险防范手段包括:严格筛选项目,有效保护商业机密,选择好的创业伙伴,密切关注资金风险和技术风险,设法分散和转嫁风险。

2.创业起步阶段的风险与防范

创业起步阶段风险来源包括:孤军奋战,目标游离,长期缺乏启动资金,管理混乱,缺乏市场。创业起步阶段风险防范手段包括:抓好人、财两个关键,降低市场风险,探索简洁实用的商业模式,对经营业务不断调整巩固。

3.创业成长阶段的风险与防范

创业成长阶段的风险来源主要有:管理风险、盲目冒进、小富即安和家庭社会压力。创业成长阶段风险防范的手段包括:尝试授权,学会解脱;完善组织机构,规划决策;建立风险责任机制,趋利避害;完善奖励机制,凝聚人才;发展核心竞争力,战略制胜。

5.6　用户管理

5.6.1　电子商务消费者行为分析

1.电子商务消费者的类型

按照上网目的来分类,网络消费者可以分为以下六种类型。①简单型。这种类型的消费者需要的是方便、直接、高效的网上购物体验。他们通常只花少量的时间上网,但他们却占了网上交易量的一半。合理的搜索分类、简单的操作、快捷的物流都将有可能吸引这类消费者。②冲浪型。这种类型的消费者约占上网用户的8%,但是他们在网上花费的时间却占了32%,并且访问的网页数量是其他类型消费者的4倍以上。他们会对经常更新、具有创新设计的网页表现出浓厚的兴趣。③接入型。这种类型的消费者通常是刚接触网络的新手,在网络消费者中所占比例约为36%,他们很少购物,更愿意相信生活中他们所熟悉的品牌。④议价型。这种类型的消费者在网络消费者中所占的比例约为8%。这类消费者有购买便宜商品的本能,对各种产品宣传有较强的分析能力。⑤定期型。这种类型的消费者上网时间有一定的规律性和稳定性,通常都是被网站的内容吸引。定期型的网络消费者常常访问其他类型的网站,如新闻和商务网站。⑥运动型。这种类型的消费者上网时间也有一定的规律性和稳定性,但他们偏好运动和娱乐网站,上网时间与他们喜好的运动类节目相关。

2. 电子商务市场中消费者的购买动机

电子商务市场中消费者的购买动机是指在电子商务环境中,能使消费者产生购买行为的某些内在动力。可分为两大类:需要动机和心理动机。

(1)需要动机

网络消费者的需要动机是指由需要而引起的购买动机。在虚拟社会中人们希望满足以下3个方面的基本需要。①兴趣需要。人们由于好奇或能获得成功的满足感而对网络购物产生兴趣。这种兴趣主要来源于两种内在驱动力:一种是探索,另一种是成功。人们因在网络上找到自己想要的而获得一种成功的满足,出于内在的驱动力停留在网络上。②聚集需要。人类是聚集而生存的动物。网络为有共同话题的人们提供了聊天机会,且这种聚集不受空间和时间的限制。通过网络聚集起来的群体是一个民主的群体,每个人都可以发表自己的意见。③交流需要。通过网络聚集起来的网民,自然产生了一种交流的需要。

(2)心理动机

心理动机是由人们的认识、感情、意志等心理过程而引起的购买动机。电子商务消费者购买行为的心理动机主要体现在以下3个方面。①理智动机。电子商务市场中的消费者大多首先注意的是关于商品性能、质量的信息,而后才注意商品的经济性。这种购买动机的产生主要用于对耐用消费品或价值较高的高档商品的购买。②感情动机。感情动机是由人们的情绪和感情所引起的购买动机。③惠顾动机。惠顾动机是建立在理智经验和感情之上,对特定的网站、国际广告、商品生产等具有特殊的信任与偏好而重复、习惯性地前往访问并购买的一种动机。

3. 电子商务消费者购买行为的基本类型

(1)习惯性的购买行为

消费者之所以对某种商品产生习惯性购买行为,除这种商品的品牌差异小、购买行为简单外,更重要的原因是人们对该商品熟悉。针对习惯性的购买行为,营销者大多采用价格优惠、高频率的广告宣传,以及独特的包装等方式吸引消费者购买。

(2)复杂的购买行为

复杂的购买行为是指消费者在购买价格昂贵、差异性大、非经常性购买、具有一定风险的商品时所发生的购买行为。这种购买行为的主要特点是:品牌差异明显,购买者在做出购买决策之前投入的搜寻时间和精力较多。

(3)寻求多样性的购买行为

该购买行为是指消费者不愿花时间和精力来选择与判断。其特点是:品牌差异明显,但消费者却不愿细选。针对这种情况,营销者可依托互联网信息密度大、表达方式丰富的特性,以多种形式、多种手段、多条渠道提供各种信息,满足电商消费者寻求多样性的购买行为的需求。具有这种购买行为的消费者会频繁地变换所购买商品品牌,追求创新。因此,一方面企业在注重品牌保护的同时,要着眼于品牌的创新;另一方面,在营销上也要不断创新。

（4）减少风险的购买行为

有些高档、技术复杂、价格昂贵的商品,质量不易鉴别,消费者购买有一定的风险,期望在购买过程中尽量少发生风险或减小风险程度。因此,消费者的购买行为就是想方设法寻求减少风险的途径。在互联网环境下,这样的购买行为同样会经常发生。

（5）社会性的购买行为

消费者由于受所处社会的自然条件、生活条件及各种社会因素的影响,产生了为满足社会需求而购买商品的动机,进而产生社会性购买行为。目前,在电子商务环境下此类消费行为占据了相当大的比例。

4. 电子商务消费者购买决策过程

（1）需求确认

电子商务市场中消费者购买过程是从确认需求开始的。从理论上讲,需求的产生既有内在原因,也有外在的刺激。对于网络营销来说,诱发需求的外在因素局限于视觉和听觉。文字的表述、图片的设计、声音的配置是网络营销诱发消费者购买的直接动因。这要求从事网络营销的企业或中介注意了解与自己产品有关的实际需求和潜在需求,了解这些需求在不同时间的程度状况和刺激诱发的因素,进而巧妙地设计促销手段去吸引更多的消费者浏览网页,从而唤起或强化消费者的需求。

（2）收集信息

当需求被唤起后,每个消费者都希望自己的需求能得到满足,所以,收集信息了解行情,成为消费者购买决策过程的第二个环节。在购买过程中,收集信息的渠道主要有两个:内部渠道和外部渠道。网络营销的信息传递主要依靠网络广告和检索系统中的产品介绍,此外,由于消费者的信息搜索、买前评估和购买等过程都在网上进行,消费者还可方便地通过网络询问论坛或其他虚拟群体中有过购买经验的消费者的意见。网络中流行的多种论坛、即时通信、虚拟社区等为消费者提供了良好的相互沟通平台,因此企业应在网上提供权威的、真实可靠的商品信息,发挥网络时代口碑传播的优势,使社交网络工具起到正面引导的作用。与传统购买时信息的收集不同,网络购买的信息收集带有较大的主动性。

（3）评估比较

评估选择是购买决策过程中的决定性环节。消费者在评估过程中所考虑的因素因人而异,但大都依据产品品质、品牌、企业信誉等。对于消费者而言,存在一个测定网络营销广告可信度的问题。近年来,在传统媒体上所出现的虚假广告现象也不可避免地出现在电子商务市场中。消费者一般可以从以下几个角度考察网络广告的可信度:看发布渠道;看广告用语;看主页内容更换的频率;尝试购买等。

（4）购买决策

电子商务消费者在完成了对商品的比较后,便进入了购买决策阶段。购买决策是指消费者在购买动机的支配下,从两件或两件以上的商品中选择一件满意商品的过程。电子商务消费者购买商品时理智动机所占比重较大,而感情动机的比重较小。电子商务消费者在决定购买某种商品时,一般必须具备三个条件:对厂商有信任感;对支付有安全感;对产品有好感。所以,树立企业形象,改进货款支付方式和快递物流渠道,全面提高产品质量,是每一个参与网络营销的厂商必须重点抓好的三项工作,以促使消费者做出合理的购买决策。

(5)购后评价

消费者的购后评价包括两部分内容,一个是购后的满意程度,另一个是购后行为。消费者购后的满意程度取决于消费者对产品的预期性能与产品使用中实际性能之间的差异大小。购后的满意程度又直接影响消费者的购后行为:是否重复购买该产品,是否产生正面或负面口碑,进而影响其他消费者,形成连锁效应。可见,企业应虚心倾听消费者反馈的意见和建议,重视消费者的购后评价,及时改进自己的不足之处。互联网为收集消费者的购后评价提供了得天独厚的优势:方便、快捷、低成本的网站论坛、即时通信等更容易把企业和消费者紧密联系在一起,互动交流。

5.6.2 电子商务消费者锁定

1. 消费者锁定定义

消费者锁定是指由于从一个系统转换到另一个系统的转移成本高到转移不经济,从而使现有的消费者和新的消费者不能或不愿意转移到替代商品中去。锁定是企业通过吸引客户从而占领市场份额的过程。锁定用户群是一个非常有力的正反馈,推动厂商达到垄断地位,并不断淘汰小厂商和业绩不佳的竞争者。锁定用户群不仅能长期吸引客户,而且由于客户重复购买的积累效应而导致厂商的市场份额迅速增长。

2. 电子商务中锁定产生的原因

(1)网络外部性

网络外部性表明用户连接到一个网络的价值取决于网络中已有的用户数量。网络外部性给电商网络中用户提供的网络价值成为转移成本的重要组成部分。

(2)网络的正反馈性

电子商务网络平台的规模效应导致平台的平均成本降低,同时网络价值上升,对用户越来越具有吸引力,从而实现自我增强的良性循环,即正反馈。正反馈将使网络规模快速增长,网络规模越大其价值越大,用户越难以切换而陷入锁定,同时还越吸引潜在用户加入网络,形成良性循环。

(3)信息价值的累积增值性和传递效应

信息价值的累积增值性和传递效应是使网络经济中锁定现象更明显的原因。在网络经济中对信息的投资不仅可以获得一般的投资报酬,还可以获得信息积累的增值报酬。累积了大量信息的电子商务网络平台对用户将具有很强的吸引力。信息还具有传递效应,信息使用规模的不断扩大可以带来不断增加的收益。

3. 锁定的主要方式

(1)合同锁定

签订合同不仅仅是给买卖双方提供了一定的保障,同时还将买方锁定于合同的另一方,因为买方一旦转向其他供应商,就会造成违约,要支付赔偿金从而构成了转换成本。

（2）搜寻成本造成的锁定

无论是在在线还是离线环境中,搜寻一个新卖主的成本都构成买主的转换成本。尽管在线环境可以为消费者节省全部或者部分的运输成本,但是在线购物仍然需要花费时间来收集和处理信息,更换卖主必然要承担搜寻成本。

（3）购买耐用品产生的锁定

某公司的一种设备是耐用品,使用年限比较长,如果企业把它换掉就会承受一定损失。一般在购买了这些设备之后企业还不得不购买相应的互补产品（相应的管理软件等）,对这些互补产品而言,升级和产品改进却是很普遍的。这使得更换这些设备的转移成本相当高,这样企业很可能就被锁定在耐用设备和系统之中了。

（4）针对特定产品培训产生的锁定

一个人对某软件越熟悉、操作越熟练,要让其对同类软件达到同样熟练程度所需的成本就越高,因而锁定的程度也越强。另外,软件供应商还可以通过引入一系列的升级,提供新功能作为新的收入,以此来保持高的转移成本。

（5）信息和数据库积累造成的锁定

企业在储存数据和信息时通常会采用相同的格式编码,然而这些信息和数据如果不能很方便地转移到一个系统里,就会存在很大的转移成本。

（6）更改商业合作伙伴造成的锁定

一般来讲,所有的供应商合作伙伴都具有或潜在地具有锁定功能,因为想要确定一个商业伙伴,必须投入一定的人力、物力、财力去收集供应商的信用评价、基本财务状况,还有后续为维持良好关系付出的各项成本等。一旦更改商业伙伴,这些费用就没有了价值。

（7）忠诚回报项目锁定

忠诚回报项目的本质就是卖方统计买方的购买记录,向那些忠诚的买主提供回报,这时的转换成本就变成了放弃在现有商家积累起来的优惠和礼遇,以及转向新商家可能需要重新积累所使用的成本。

（8）免费锁定

免费锁定是指供应商通过提供免费商品让顾客使用,在用户形成使用习惯后锁定顾客的方式。这是因为在使用过程中,消费者会越来越熟悉和了解该产品的性能,一旦形成习惯,消费者就会继续使用从而形成产品锁定。

5.6.3　电子商务环境下培养顾客忠诚度

1. 明确定位,精确选择目标顾客

消费者的需求是不断变化的,电子商务企业必须要不断更新产品和创新模式。电子商务企业要明确自己的定位,不断创新企业的经营模式,与时俱进地了解消费者需求,才能培养出大量的忠诚客户。

2. 为顾客提供个性化定制化的产品和服务

把产品因素作为电子商务的关键,还要让产品体现出个性化的效果。通过网络让顾客参

与到产品的设计中来,这种个性化的服务不仅能够提高顾客的满意度,还能提高企业在市场中的竞争力。商家为客户提供的产品和服务都是根据客户需求量身定做的,顾客满意度会有大幅的增加,商家与客户的关系越来越融洽,从而培养出忠诚客户。

3. 利用网络加强客户关系管理

利用网络加强客户关系管理包括:①加强与顾客互动。商家与顾客关系的维持是非常重要的发展策略,会员制度也是商家与顾客联系强有力的手段,其可以提供折扣、满送或免费商品等优惠活动。商家提供这些产品和服务既维护了老顾客还吸引了新的顾客,并从中及时了解顾客的需求和建议。②及时响应顾客。客服的工作质量要高,定期做培训,了解产品及满足不断变化的顾客的需求,遇到售后问题,要及时做出响应,尽快解决顾客问题,避免投诉。③顾客数据分析。商家根据数据分析顾客的特殊需求,掌握顾客的消费习惯和个人偏好,挖掘潜在顾客。

4. 做好与物流公司的合作

选择与服务优质的物流公司合作是一项重要策略,可以实现产品有效及时的配送,做好物流合作将会减少物流配送时间,给予顾客良好的购物体验,获得顾客满意度从而提高顾客忠诚度。

5.7 道德伦理管理

英国 Tesco 的
忠诚度计划

电子商务伦理是指利用电子信息网络进行的商品和服务交易活动的伦理准则。电子商务伦理管理是要建立一种依靠网民的舆论和内心信念来调整的道德规范。

5.7.1 网络营销伦理

网络营销伦理反映了网络企业与所有相关者之间的利益关系及各项行为规范。

1. 营销伦理水平的评价

制定和实施企业网络营销伦理战略的一个前提,就是对企业的网络营销伦理水平做出科学的评价。评价企业的伦理水平经常可以从审查企业的伦理准则入手。鉴于网络营销伦理包含营销伦理和信息伦理两方面的内容,可以根据企业在这两方面所做的承诺内容和履行承诺的水平来综合评价企业的网络营销伦理。

企业的营销伦理水平主要体现在市场细分、产品定位、市场调研、产品开发、定价、分销、直复营销、广告和国际营销等环节上;而企业的信息伦理水平则主要体现在信息技术的使用、隐私保护和知识产权保护方面。两者在很大程度上是相互独立的。同时,我们注意到,企业网络营销伦理水平的最终裁决者不是专家学者,而是以消费者为主体、以媒体为舆论中心的企业的利益相关者群体。而消费者和媒体在进行道德评价时一般都有一个特点,即对低道德水平的敏感程度要高于对高道德水平的敏感程度,这个特点决定了在网络营销伦理水平的二维模型中,等道德水平线(或可称为无差异道德水平线)呈双曲线形态(见图5.1)。意思是,企业的营销道德水平低下时,必须要用高得多的信息道德水平来补偿,反之亦然。图中,曲线越靠近原点,就表示企业的网络营销伦理水平越低,而同一曲线上不同的点代表同样的网络营销伦理水平的不同实现方式,我们最关注的两条等道德水平线为较高位置上的道德模范线及较低位置上的道德底线,道德水平高于道德模范线的企业和道德水平低于道德底线的企业都会受到企业利益相关者的特别关注,道德水平介于两条线之间的企业的伦理问题则通常会被利益相关者忽视。

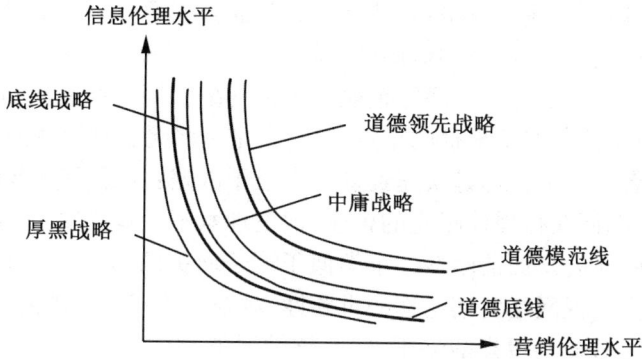

图 5.1 网络营销伦理水平的二维模型

实际上,企业的营销伦理水平和信息伦理水平构成是连续统一的,我们可以根据企业制定的道德准则和企业的实际营销行为把一个特定企业放在恰当的位置。

2. 网络营销伦理水平和企业赢利水平

企业的网络营销伦理战略毫无疑问会影响企业的经营业绩和竞争优势,但影响是否是单向的,企业伦理学界对这一问题一直存在着争论。许多人持一种折中的观点,即伦理水平对业绩的影响不是单方面的。

考虑到讨论伦理战略的需要,借助成本和收益分析,对这一观点做进一步的分析是很有意义的。一方面,高的网络营销伦理水平对企业意味着更高的成本。这种额外的成本源自两个方面:企业实施伦理管理的费用,以及因为营销手段的选择受到限制而带来的成本增加。一方面,因为坚持较高的伦理标准,而间接产生的费用可能更高。另一方面,高的网络营销伦理水平也会为企业带来潜在的收益。这种收益主要表现在企业利益相关者对企业信任水平的增进上,信任的建立可以降低消费者及供应商同该企业进行交易的风险和交易成本,也可以激励企业的其他利益相关者继续向该企业提供投资、信贷、担保等重要资源,提高企业的利润水平和抗风险能力。换一个角度看,避免了因网络营销人力水平低下,给企业带来的损失,也可以看作高的网络营销伦理水平的一种收益,而且前者既包括因消费者对其缺乏好感和信任而引起的销售额下降,也包括企业在解决企业与消费者间的争议方面发生的费用。

两者相比,成本的发生是确定的,并且会在短期内影响公司的财务表现;收益的获得是不确定的,并且只有在较长的时期内才能显现出效果。高的伦理水平带来的收益的潜力是十分巨大的。高的伦理水平,有助于企业商誉的建立和顾客忠诚度的增加,此两项可以为企业节省大量的营销费用。

3. 网络营销伦理的战略选择

按照企业对此网络营销伦理水平的不同定位,可以将企业的网络营销伦理战略分为以下六种。①伦理领先战略:采纳这一战略的公司会把企业的网络营销伦理锁定在堪称业界楷模的高度,以此建立强有力的在线品牌。如:迪士尼公司、惠普公司、IBM公司等。②中庸战略:采纳这一战略的公司会有意识地把本企业的网络营销伦理保持在行业的平均水平附近。这一战略被多数企业所采用。③底线战略:采纳这一战略的公司通常会小心翼翼地把本企业的网络营销伦理保持在可以被社会接受的道德底线附近。这一战略经常被一些富有进取精神的小企业采用。④厚黑战略:采纳这一战略的企业在实施网络营销方面完全可以用不择手段来描述。这种类型的企业是社会舆论鞭挞的重点,其通常是一些无名且短寿的私人小企业,在社会上可见度较低,经营者的唯一目标是快速致富。⑤浪子战略:这是一种非常规的战略,意思是曾经因道德方面的问题而获得媒体曝光的企业,把伦理水平大幅提高到道德规范线以上的高度再次获得媒体关注,在公众面前塑造一个类似于浪子回头的形象。⑥虚无战略和其他可能的选择:一些企业完全无视网络营销伦理的重要性,对企业的网络营销活动不做任何道德方面的考虑(应当注意虚无战略与厚黑战略不同)。该情况下,企业对资源的利用不充分。由上述讨论可以看出,各种网络营销伦理战略并没有绝对的优劣之分,企业必须根据所处行业的市场特征和本企业的具体情况选择适合自己的网络营销伦理战略。

4. 影响企业网络营销伦理战略选择的因素

一个企业究竟应当选择什么样的网络营销伦理战略,主要取决于以下因素:

(1)企业所在行业的属性

处于体验行业以及服务行业的企业较处在普通制造行业以及大宗商品制造行业的企业,更适合采取对应的高伦理水平的战略,如伦理领先战略和浪子战略。此外,主要产品的质量属于信誉质量或者体验质量的企业比产品质量属于搜索质量的企业,更适合采取对应高伦理水平的战略。并且,对产品质量的安全性和可靠性要求高的行业的企业较对产品价格要求高的行业的企业,更适合采取对应高伦理水平的战略。

(2)企业的市场地位

市场占有率高的企业适合采取对应高伦理水平的战略,反之则可以采取对应中低伦理水平的战略,如中庸战略或底线战略,但厚黑战略却适用于那些没有持续经营打算的企业。伦理水平对一个行业而言,具有公共财产的性质。

(3)企业的竞争战略

将差异化作为主要竞争战略的企业,适合采取对应高伦理水平的战略;而将成本领先作为主要竞争战略的企业,则适合采取对应较低伦理水平的战略。

(4)企业的财务状况

财务状况好的企业适合采取对应高伦理水平的战略;反之,则适合采取对应较低伦理水平的战略。提高网络营销伦理水平是对商誉的一种投资,要求企业具有相应的财力。

(5)企业的伦理文化

伦理文化基础好的企业适合采取对应高伦理水平的战略,反之则适合采取对应较低伦理水平的战略。对于有着优秀伦理传统的企业,促进企业伦理的机构、人员和机制一直存在,所以这类企业为进行网络营销伦理管理而需要额外投入的资源就相对较少,因此,与其他采取同类战略的企业相比拥有一定的竞争优势。

综上所述,企业需要从分析自己所在的行业属性、所处的市场地位、所采取的竞争战略、当时的财务状况以及所秉承的伦理文化入手,从战略的高度确定自己需要坚持的网络营销道德水平并在实践中加以贯彻,只有这样,企业的网络营销伦理战略才会同企业的其他正确战略一起确保企业目标的顺利实现。

5.7.2 防范信息不对称的机制设计

1.电子商务环境下的不对称信息

电子商务环境下信息的不完全性以及由此引起的交易双方的信息的不对称性将依然存在。以下是主要的几种电子商务环境下不对称信息的表现形式:

(1)关于产品质量的信息不对称

因为数字产品多为经验产品,它们的质量只有在使用之后才能被了解,所以由于网络购物无法触摸商品,网站中关于商品的信息,如对材质、质地、尺寸等的描述是由卖方生成的,买方对产品的真实质量存在不对称性。

(2)买卖双方的信誉的信息不对称

在电子化市场上销售商的身份很难辨认,由于这种不确定性的存在,市场运作的效率将十分低下,甚至根本就无法运作。

(3)电子商务运营平台上的信息不对称

B2C和C2C电子商务运营商在电子商务活动中扮演重要角色。买家对于卖家的甄别将依赖于电子商务平台的准入机制。

为了消减电子商务环境下信息不对称问题,根据不对称信息发生的时间(事前和事后),利用信号理论解决事前信息不对称问题——逆向选择;利用激励机制解决事后信息不对称问题——道德风险。

2.逆向选择与信号理论

(1)逆向选择中买卖双方的表现

在电子商务市场中,发生逆向选择时,买方对要买的商品的信息很不了解,只愿意以等于或者低于市场平均价的价格来购买商品,以确保获得最大的效用。

电子商务市场中卖方主要有以下几方面的表现:造成高质量卖家退出市场;通过各种手段展示商品价值与其他商家进行区分;造成多方面信息的不对称。

(2)规避逆向选择的信号理论

在电子商务市场中,信息优势方一般为交易中的卖方,信息劣势方即为交易中的买方或者第三方。只能通过高质量的电子商务提供商和消费者的努力来设计有效防范逆向选择的机制,通过各种传播手段让消费者知道并相信产品质量,达到降低信息不对称的目的。

①电子商务提供商的信号传递。电子商务提供商向消费者传递信号的方式有以下几种:提供免费产品、试用产品;加强广告推广;树立品牌,提高信号显示度。

②网络中介对规避电子商务市场逆向选择的作用。网络中介等第三方在规避电子商务市

场的逆向选择问题中起到核心作用,主要表现在以下三个方面。第一,中介在市场交易中的主要功能之一就是通过增强提供商和消费者之间的信任度,降低交易风险,从而使得市场规模得以扩展。第二,中介能够为消费者提供专业服务。对某些产品,要了解产品各方面的详细信息需要一定的技术知识,中介方所提供的信息通常比产品提供商提供的信息更受欢迎。第三,中介的出现可以降低交易成本。电子商务市场中信息中介通过信息的收集、过滤、加工与分类来为消费者提供更多的专业意见,降低了消费者的交易成本。

③网络中介在信号传递中的作用。网络中介在电子商务市场中对企业与个人起到信号显示途径的作用。对于网络营销企业与在网上售卖的个人来说,都有两条可选的信号显示途径,一是直接显示商品的象征质量信息或者通过诸如价格等信号来显示商品质量信息;二是间接地借助第三方网络中介的信誉来显示商品质量信息,使得信息更为可信。在电子商务市场中,网络中介重要的职能之一就是为交易者提供有关交易的信息服务。

④网络中介在信号甄别中的作用。网络中介作为一个营利组织,其经营的根本目的是追求自身收益的最大化。它对交易的管理主要是对交易信息进行甄别,为交易方提供信息服务,以提高信息效率。网络中介扮演着信息过滤代理人的角色,其通过实施各种交易管理与交易风险控制措施,起到信誉转移、传递经验质量信息、增强信息扩散有效性、提高信息效率的作用。应该强调,除了网络中介,电子商务中的第三方还包括政府、民间消费组织等。

3.道德风险与激励机制

(1)电子商务市场中道德风险产生的原因

交易双方信息的不对称。信息不对称使得网络交易者之间建立的互信机制很容易就被打破。电子商务中交易双方的信息不对称是产生道德风险的根本原因。

电子商务市场交易中的信用缺失。电子商务市场中的信息不对称导致了交易中信用的缺失,从而导致交易双方在发生交易时隐蔽自己的行为,以求获得最大的利益。

电子商务市场中惩罚的激励约束机制不够。电子商务市场的发展还不是很完善,对于电子商务交易中出现的各种欺诈行为的约束和激励不够,没有建立完善的失信惩罚机制。

(2)电子商务市场中道德风险的表现

买方道德风险。买方在合同达成后出现的道德风险主要有:不按时结算剩余的资金;货到之后否认自己的购买行为;由于物流配送中出现延迟或差错而拒绝收货。

卖方道德风险。卖方在合同达成之后出现的道德风险形式主要有:质量的不确定;时间的不确定,不能按时交货;网络商业欺诈行为的产生。

(3)防范道德风险的机制设计

机制设计主要是针对卖方机会主义行为的道德风险,可以通过建立有效的委托-代理关系、建立信誉机制、完善信用制度、运用关系营销来解决。

①建立有效的委托-代理关系。通过有法律约束力的契约进一步明确交易双方的权利和义务,规定从交易发生到结束时的各项工作,使交易发生后双方都能够了解自己的下一步工作,同时要规定出现问题后双方的责任。委托人将自身利益的最大化与代理人利益的最大化结合起来,进行利益捆绑;代理人具备充当代理人的条件,代理商要掌握充分完全的信息,必须具备信号甄别的能力,信号甄别的重点是关于产品性能和性价比的信息。

②建立信誉机制。在防范产品提供商的道德风险方面,可以选择建立信誉机制。信誉机

制又称为隐性激励,是指在进行交易的双方中,信息优势方对信息劣势方做出的一种保证和承诺。如果一方信誉程度很高,即使信息是不完全或者不对称的,信息劣势方也会相信信息优势方所提供的信息是真实的、有保证的,因此信息不对称引发道德问题的概率就会降低。

③完善信用制度。改变观念、建立完善的社会信用制度也很重要。消费者需要有理性购买的思维,同时还应学会用法律手段维护权利。政府有义务积极采取有效的措施使市场上的产品质量与价值的对应关系更加透明化,进一步消除市场上的不对称信息。

④运用关系营销。对于电子商务的关系营销,建立关系的过程实际上就是一个对人力资本进行投资的过程。对关系进行投资的最终目的是建立关系和发展关系,并利用这些关系为自己服务。一旦关系结构建立起来,以交易双方的共同利益为基础的专用资产投资与双边关系无缝连接,降低双方的不确定性,并限制机会主义行为。在现实的交易中,交易双方之间都存在不同程度的信息不完全和信息不对称。如果社会普遍缺乏信任基础,在信息不完全和不对称的情况下,关系就能够起到间接传递信息的作用。

5.7.3　电子商务与网络诚信

网络诚信是指网络社会中的诚信问题。网络诚信是国家诚信体系的重要组成部分,不仅关乎社会的长治久安,更关系到每个人的生命与安全。网络失真失信主要表现为:网络侵权,制造谣言或传播虚假信息、虚假广告、恶意刷单等电商失信现象,网络电信诈骗,以及其他互联网失信行为。《网络安全法》《电子商务法》《互联网新闻信息服务管理规定》等法律法规均对网络诚信进行了规范。

1.《电子商务法》对网络诚信建设进行规范

国家鼓励发展电子商务新业态,创新商业模式,促进电子商务技术研发和推广应用,推进电子商务诚信体系建设,营造有利于电子商务创新发展的市场环境,充分发挥电子商务在推动高质量发展、满足人民日益增长的美好生活需要、构建开放型经济方面的重要作用。

电子商务经营者从事经营活动,应当遵循自愿、平等、公平、诚信的原则,遵守法律和商业道德,公平参与市场竞争,履行消费者权益保护、环境保护、知识产权保护、网络安全与个人信息保护等方面的义务,承担产品和服务质量责任,接受政府和社会的监督。

电子商务行业组织按照本组织章程开展行业自律,建立健全行业规范,推动行业诚信建设,监督、引导本行业经营者公平参与市场竞争。

2. 电子商务诚信建设的主要措施

坚持守法为本。"法治是最好的营商环境。"要认真贯彻落实《电子商务法》,遵法守法,诚信经营,恪守商业道德,履行经营义务,维护电子商务市场秩序,促进电子商务持续健康发展。

推进共建共治。电子商务诚信建设,政府、社会、企业、消费者各有其责,更需各尽其责,需要多方共同努力构建网络诚信共建、共治、共享新格局。

建立联动机制。积极配合政府和行业组织,建立信用信息共享、共评、共惩的联动机制,实现"一处失信、处处受限",让失信者寸步难行。

创新技术支撑。以技术创新为依托,运用大数据、云计算、区块链等新一代信息技术,逐步构建"来源可追溯、去向可追查、责任可追究、风险可控制"的全过程闭环诚信管控体系。

加强行业自律。广大电子商务平台经营者要率先垂范,勇担责任,完善内生机制,加强行业自律,履行社会责任,接受社会监督,为诚实守信的电子商务发展环境贡献力量。

厚植诚信文化。积极打造诚信企业,教育引导平台内经营者和企业员工树立诚信意识,践行诚信精神,努力营造"知信、用信、守信"的企业诚信文化。

5.7.4　电子商务交易安全

1.电子商务网站安全

(1)电子商务网站面临的主要安全威胁

①软件缺陷。软件缺陷指的是计算机软件中存在的某种破坏程序正常运行的问题、错误,或者隐藏的功能缺陷,缺陷的存在将会导致软件产品在某种程度上不能满足用户的需要。

②系统漏洞。系统漏洞指的是操作系统软件或应用软件在逻辑设计上的缺陷或在编写程序时产生的错误,也有部分漏洞是软件开发者为了某种目的而特意留下的调试结构。

③病毒入侵。目前全世界已发现的计算机病毒有数万种,并且每天都会出现新病毒或病毒变体。对电子商务网站造成威胁的病毒主要有:蠕虫病毒、木马病毒、网页恶意代码(又称网页病毒)。

④黑客。黑客专指攻击、非法入侵他人计算机系统的人。由于互联网所采用的 TCP/IP 协议并非专为安全通信而设计,所以在国际互联网系统中存在大量安全隐患和威胁。

(2)电子商务网站的安全对策

加强物理安全建设;机房要设置安全防盗报警装置和监控系统;扫描漏洞并及时安装系统安全补丁;构建安全的防火墙;部署统一的网络防病毒系统;入侵检测;具有系统容灾备份技术。

2.电子商务支付安全

电子商务最为显著的特征是在线交易,要想充分保障在线交易网络支付的安全性,就必须综合考虑电子商务网络支付面临的各种风险。

(1)电子商务网络支付中存在的主要安全风险

①网络黑客攻击风险。在电子商务网络支付安全管理工作中,黑客攻击是网络支付安全面临的最大问题。

②网络病毒入侵风险。电子商务支付系统日常运行管理中,网络病毒会通过各种渠道入侵到用户计算机系统中,造成对系统安全正常运作的破坏,促使用户各项重要信息的泄露,从而给用户的网络信息安全带来极大威胁。

③网络支付信息安全风险。在电子商务网络支付过程中,一些网络不法分子会利用互联网或者电话获取用户信息,或是通过分析用户通信频率去计算判断出用户相关信息,冒充合法用户并欺骗与他存在关联的用户,以此达到牟取不良利益的目的。

(2)加强电子商务网络支付安全的实践措施

①强化电子商务网络安全支付技术规范工作。首先,要高度重视对网络病毒的安全防范;然后,要充分发挥防火墙技术的作用;最后,为了保证用户自身信息在互联网平台上的安全传输,要合理采用 VPN 技术,基于骨干网而形成虚拟局域网。

②切实落实好电子商务网络支付安全管理工作。在电子商务网络支付安全管理工作上,相关部门工作人员要树立起先进的管理工作理念,充分认识到做好安全管理对电子商务网络支付安全水平提升的重要性。计算机企业要优化改善电子商务网络支付系统的各项安全功能,确保系统能够得到安全稳定的持续运行,充分保障用户信息的安全性。

③科学应用安全支付协议。第三方支付平台和银行都必须充分发挥出安全支付协议的作用,用户在首次进行网络支付时要签订相关安全支付协议。第三方支付平台和银行要充分保障用户身份认证的准确完成和交易数据的准确性。

3. 电子商务的隐私权保护

网络电子商务中消费者的隐私权因为其特殊性而更容易受到侵害,波及的范围更广且传播速度更快,但是我国这方面的法律制度还不够完善。

(1)电子商务中消费者的隐私权

电子商务中的消费者隐私权通常是指消费者在电子商务交易过程中享受的个人信息不被非法获悉和公开、个人生活不受外界非法侵扰、个人私事的决定不受非法干涉的一种独立权利,电子商务交易过程中消费者隐私主要包括个人数据信息、个人网络私事和个人网络领域。

(2)电子商务中消费者隐私权的特点

相对于一般的隐私权,电子商务中消费者的隐私权有着自己独特的特点。电子商务中消费者的隐私权有了一定财产属性,传统民法中的隐私权是一种独立的人格权,并不具有财产属性。而计算机、网络技术的高度发达,使得电子商务中消费者的隐私权所包含的个人身份信息、个人数据信息等各种数据资料具有了重大的商业价值。相比传统的隐私权,电子商务中消费者的隐私权更加脆弱。

(3)电子商务中消费者隐私权受到侵害的表现

①消费者个人信息被非法收集。消费者在交易过程中,在消费页面根据提示填写自己的身份证信息、联系方式、银行卡账号、家庭地址等各种涉及个人隐私的内容。而经营者收集这些个人信息通常都是不合理的,在收集过程中也没有征得消费者的同意就直接将消费者所填写的个人信息强行保留,而没有在交易完成后及时清除。

②消费者个人信息被非法利用。经营者将收集到的个人信息储存在自己的系统程序内形成一个资料库,在需要的时候便随意取用。在未经消费者同意的情况下,经营者擅自将之前获取的消费者个人信息进行整理分析,用于自己的生产销售活动;或将收集到的个人信息作为商品用于买卖交换,从中获取大量不当收益。

③消费者私人领域被侵犯。消费者的身份信息、财产信息等各种个人信息在网络购物、发邮件等日常事务中在完全没有察觉的情况下被非法收集和利用,身处电子信息时代的消费者的个人信息被严重泄露,私人生活领域被严重入侵。

(4)对电子商务中消费者的隐私权保护完善

①完善我国对电子商务中消费者隐私权的立法保护。通过解决立法上的问题更好地保护权利和权利主体。首先,应该明确权利的主体、客体范围,明确电子商务中隐私权与传统隐私权的差异,将这一权利在专门立法中得到落实。其次,也要明确侵权主体的范围,对侵权类型、侵权责任要有明确规定。

②完善电子商务的交易环境。第一,强化电子商务行业的自律性。形成自我管理自我监

督的良好经营环境。第二,强化政府的行政监督职能。应该成立具备专业素质的专门的网络监管部门,同时赋予该部门一定范围内的执法权力,对网络信息和个人信息进行专门保护。同时政府部门应该加强与行业监管协会的合作,定期对电子商务领域中的经营者进行查处。

5.8 知识产权管理

5.8.1 对创意的保护:著作权

著作权,也称版权,是指作者及其他权利人对文学、艺术和科学作品享有的人身权(如署名权、发表权等)和财产权(授权别人使用以获得收益的权利)的总称。

大学生创业通常起源于一个独特的创意。通过观察社会和自身体验发现,在分析问题的基础上运用自己的知识提出有助于解决问题的可商业化的独特方法,由此产生的解决方案(以产品或服务的形式呈现)可称为创新或创意。但如果创意仅停留在思想阶段,没有构成作品,则不受《中华人民共和国著作权法》保护。

除了产品或服务的创新,很多时候还有对商业模式的创新,但是,商业模式的提出人通常不享有对商业模式的专有权利。所以,对于具有巨大市场价值的创新创意,一方面在初期要做好商业秘密保护工作;另一方面要加快实施步伐,保护创意最好的方式是对其进行执行。

在互联网创业企业中,经常会涉及对计算机软件开发的著作权保护,即计算机软件著作权,它是指软件的开发者或者其他权利人依据有关著作权法律的规定,对软件作品所享有的各项专有权利。软件著作权同样需要到国家著作权行政管理部门进行登记,国家对登记的软件会予以重点保护。

5.8.2 对品牌的保护:商标

商标是指商品生产者或经营者在自己的商品上使用的区别于其他商品生产者或经营者的商品的一种专用标记。简单地说,商标就是用来区别商品的标记。根据《中华人民共和国商标法》(以下简称《商标法》),经注册的商标受法律的保护,注册者对其享有专用权。很多跨国企业的商标会在许多国家注册,受到注册地当地法律的保护。在我国,商标有注册商标与未注册商标之分,注册商标是在有关部门注册后受法律保护的商标,未注册商标则不受商标法律的保护。根据我国《商标法》第五十六条,注册商标的专用权,以核准注册的商标和核定使用的商品为限。

在企业经营中,商标是品牌中的标志和名称部分,而品牌是能代表产品质量水平的名号,可借以传达企业形象与企业精神。大学生创业应有树立自主品牌的意识。通过树立自主品牌、标识商品服务的来源,可以与消费者建立稳定的商业关系,建立市场商誉。品牌的树立和保护,则无法脱离商标的使用。商标是区分商品服务来源的标志,是商誉的载体,具有产源识别、商誉承载、品质保障等基本功能。大学生在创业初期,就应对自己的产品、公司的重要名称和图标进行商标注册保护,在创业过程中通过对自有商标的使用和宣传来积累商业信誉和品牌商业价值。

5.8.3 对技术的保护：专利

专利也称专利权，是发明创造的所有人向相关管理部门提出申请，经审查合格后由管理部门向专利申请人授予的规定时间内对该项发明创造享有的专有权。专利可以进行许可使用、转让、入股、质押、继承等。

1.专利的主要类型

专利分为三大类。①发明专利。发明是指对产品、方法或者其改进所提出的新的技术方案。这是我们日常最熟知的一种专利类型。②实用新型专利。实用新型是指对产品的形状、构造或者二者的结合所提出的适于实际的新的技术方案。③外观设计专利。外观设计是指对产品的形状、图案或者二者的结合以及色彩与形状、图案的结合所做出的富有美感并适于工业应用的新设计。

2.专利的基本特征

（1）时间性。时间性是指专利只有在法律规定的期限内才有效。专利权的有效保护期限结束以后，专利权人所享有的专利权便自动丧失，一般不能续展。发明便随着保护期限的结束而成为社会公有的财富，其他人便可以自由地使用该发明来创造产品。专利受法律保护的期限的长短由有关国家的专利法或有关国际公约规定。

（2）地域性。地域性指专利权是一种有区域范围限制的权利，它只在法律管辖区域内有效。但是，同一发明可以同时在两个或两个以上的国家申请专利，获得批准后其发明便可以在所有申请国获得法律保护。

（3）排他性、独占性或专有性。专利权人拥有专利权时享有独占或排他的权利，未经其许可或者出现法律规定的特殊情况，任何人不得使用专利权人的作品，否则即构成侵权。这是专利权最重要的法律特点。

课后习题
和参考答案

6 电子商务创新创业案例分析

6.1 互联网创业者与创业企业

6.1.1 杰夫·贝索斯与亚马逊崛起

杰夫·贝索斯(Jeff Bezos),企业家,出生于美国新墨西哥州,毕业于普林斯顿大学,亚马逊公司创始人、原首席执行官,以 1 310 亿美元财富排名 2019 年福布斯全球亿万富豪榜第一位。1995 年创办亚马逊公司(Amazon.com),1997 年带领亚马逊公司上市,亚马逊是网络上第一个电子商务品牌,也是全球最大的网上书店和全球商品品种最多的网上零售商。下面重点介绍亚马逊电商平台的 4C 营销策略。

1. 消费者(Consumer)

消费者对电商平台的忠诚度表现在消费者是否重复购买同一家网站或同一品牌的产品。客户在平台的第一次购物体验至关重要,这会直接影响消费者是否继续在这个平台购物,并且最后直接决定消费者对该平台的忠诚度。亚马逊以 4C 理论为指导,将完善用户购物体验和培养消费者忠诚度作为网络营销的重点,始终坚持以消费者为中心的经营策略。如希望消费者能够在亚马逊买到一切他所想要买到的东西,并通过追踪消费者的购物过程,根据消费者的消费习惯,为消费者提供更便捷的服务,推荐他们可能想要购买的商品。

2. 成本(Cost)

市场证明,成本更低的电商能够为消费者提供的优惠更多,从而增加消费者对该平台的信赖度和忠诚度。加强成本管理节约开支的同时增加新的盈利项目是亚马逊成本管理的重点。亚马逊对采购、物流等中间环节进行高度整合,形成完善的体系,进而保证自己的成本最低。没有物流配送能力的第三方卖家可以利用亚马逊的仓储和物流资源,一方面减少卖家的成本,另一方面增加亚马逊物流的使用率,带来一定的收入。完善并且便利的物流体系为亚马逊节省巨大的开支,亚马逊的现金流因此更加合理。成本下降的结果是亚马逊可以为消费者提供更多优惠,这促使消费者更加喜欢在亚马逊购物,从而形成一个良性循环。

3. 便利(Convenience)

云计算和大数据技术使亚马逊迅速地为消费者提供便利。通过网站的服务系统,利用云计算和大数据分析技术,亚马逊获得大量的消费者信息,利用这些信息可以客观迅速把握市场的变化情况。比如通过对消费者在亚马逊网站的浏览记录进行分析,可以得出消费者想要购买的商品或者有可能购买的商品,有针对性地为用户提供切实可靠的商品推荐,节省消费者的购物时间,消费者感到便利,进而培养消费者对自家平台的支持和忠诚。同时还可以根据消费者购物需求的不同,提供差异化和个性化的商品和服务。

4. 沟通(Communication)

亚马逊积极与消费者沟通,其中电子邮件扮演着重要角色。根据消费者的回馈,亚马逊不断地改善自身不足的地方,了解市场的实际需要,并通过邮件将重要信息提供给消费者。由此可见,亚马逊良好的沟通为自身的发展壮大提供了巨大的动力。综上所述,电子商务运用营销手段,吸引更多的消费者,扩大企业的规模,推动企业的发展。4C营销理论注重以消费者需求为导向实施有效的营销沟通。亚马逊营销策略坚持以消费者为中心,努力满足消费者的购物需求,通过完善用户购物体验和培养顾客忠诚度,进行成本管理和增加盈利项目,坚持低价策略和在价格上给予消费者优惠,利用科技手段来加强客户关系。

6.1.2 马云与阿里巴巴生态系统

1999年马云创立阿里巴巴集团,2014年9月19日,阿里巴巴集团在纽约证券交易所正式挂牌上市,股票代码"BABA"。阿里巴巴的价值观主要有:客户第一:客户是衣食父母;团队合作:共享共担,平凡人做平凡事;拥抱变化:迎接变化,勇于创新;诚信:诚实正直,言行坦荡;激情:乐观向上,永不言弃;敬业:专业执着,精益求精。阿里巴巴的成功因素可以概括为:

1. 明确的组织使命与愿景

阿里巴巴集团的使命是"让天下没有难做的生意",这就确定了阿里巴巴集团所从事业务的实质以及今后的发展方向,即为消费者、商家及其他参与者创建一个开放、协同、繁荣的电子商务生态系统,并为他们提供技术和服务,让他们能够在阿里巴巴集团所建造的生态系统里进行商贸活动。

阿里巴巴集团的愿景是构建未来的商务生态系统,让客户相会、工作和生活在阿里巴巴,并持续发展最少102年。相会在阿里巴巴:每天促进数以百万计的商业和社交互动,包括用户和用户之间、消费者和商家之间以及企业和企业之间的互动。工作在阿里巴巴:向客户提供商业基础设施和数据技术,让他们建立业务、创造价值,并与阿里巴巴的其他生态系统参与者共享成果。生活在阿里巴巴:致力拓展产品和服务范畴,让阿里巴巴成为客户日常生活的重要部分。102年:阿里巴巴集团创立于1999年,持续发展最少102年就意味着横跨三个世纪,让企业的文化、商业模式和系统都经得起时间的考验,得以健康持续长久的发展。

明确组织的使命与愿景,是战略计划的起点,也是指引组织各项活动的航标。阿里巴巴的使命与愿景符合中国实际的市场需求,与环境相适应,顺应时代的发展;阿里巴巴准确的使命和愿景的制定与实施,为企业准确地定位及发展指明了方向。

2. 高质量的管理团队和企业文化

马云,阿里巴巴原首席执行官,是阿里巴巴集团的主要创始人,负责集团的整体策略及方针。在他的带领下,团队拥有着强大的凝聚力和执行力,并逐渐沉淀成固有的文化机制和价值观念。马云抓住了事物的本质,组建出优秀的、执行力强的团队,并形成具有阿里巴巴特色的企业文化,形成有效的组织结构和组织能力,创立了符合人性、规律的价值观并一贯坚守。阿里巴巴集团的六个价值观被誉为"六脉神剑",优秀的价值体系使得阿里巴巴集团对于如何经营业务、招揽人才、考核员工以及决定员工报酬扮演着重要的角色。

3. 自主创新能力强

在阿里巴巴集团创立初期,马云就意识到互联网产业界应重视和优先发展企业与企业间的电子商务,这种模式被称为"互联网的第四模式",并以 50 万元人民币开始了新一轮创业,开发阿里巴巴网站。2003 年,个人电子商务网站淘宝网成立;2004 年,发布在线支付系统——支付宝。支付宝主要提供支付及理财服务,涉及多个领域,并为多个行业提供支付服务,逐步发展成为中国最大的第三方支付平台、全球最大的移动支付厂商。2014 年,阿里巴巴首次尝试采购业务的 O2O 模式,推出"阿里巴巴 1688 百亿采购中国行"等活动,以线上线下联动的方式,提升采购商采购和供应商销售的效率以及成功率。集团电子商务不断尝试新的商业机会、需求、规则和挑战,不断探索未来信息产业的发展方向、未来商务活动的发展方向。淘宝网、天猫、支付宝等相继占领市场,阿里巴巴几乎每年都有新项目跟进、每年都有产品的更新,巨大的国内外市场是靠不断的创新一步一步开拓出来的。

4. 完善的电子商务体系

马云为完善整个电子商务体系,自 2003 年开始,创办了阿里巴巴、淘宝网、支付宝、阿里妈妈、天猫、阿里云等国内电子商务知名品牌。其电子商务业务涵盖行业范围广,内容丰富,实现了 B2B、B2C、搜索、支付、中小企业管理等电子商务领域的全方位布局。从商品的生产、销售、付款机制、实时通信,到广告营销,阿里巴巴在国内市场整个商品流通环节的电子商务进程中占据了绝对优势,建立起较为完善的电子商务体系。

5. 品牌渗透率高

阿里巴巴所创建的网购平台——淘宝网和天猫,以及网络付款机制——支付宝,已被大众所熟知。公司的品牌渗透率的大小,体现了该公司的品牌知名度和影响力,阿里巴巴集团旗下淘宝网、天猫、支付宝的品牌渗透率处于绝对的领先地位。品牌的知名度是公司的无形资产,品牌价值带来的巨大影响和效益,为企业带来众多会员。庞大的会员数目、知名度的提升、品牌的树立,使阿里巴巴的信息覆盖面越来越大,吸引了众多商家。

6.1.3 刘强东与京东自营电商平台

京东(股票代码:JD),中国自营式电商企业,创始人刘强东担任京东集团董事局主席兼首席执行官。旗下设有京东商城、京东金融、拍拍网、京东智能等。2013 年正式获得虚拟运营商牌照。2014 年 5 月在美国纳斯达克证券交易所正式挂牌上市。2016 年 6 月与沃尔玛达成深度战略合作,"1 号店"并入京东。

建立平台
经济新秩序

1. 京东的服务原则

京东有四大服务原则：“多”——为用户提供一站式综合购物平台；“快”——自建物流实现极速配送服务；“好”——坚持正品行货保证商品品质；“省”——依靠低成本和高效率实现天天低价。京东的“两翼一体”盈利模式运作的核心理念为：打造好京东商城的平台，做好对平台数据的维护和分析，通过数据挖掘技术，为京东物流体系提供更为智能化、人性化的服务。同时，能够结合客户的实际需求，开展京东金融业务，不断提高客户网络的满意度。在对数据的分析和利用方面，京东应当做到对基础数据的收集和维护，同时做好数据分析结果的应用。如将数据分析结果与物流体系结合，及时向客户反馈产品配送信息，提高客户购物体验。又要与京东金融相结合，依据客户订单分析的结果，为客户提供支付、信贷等金融服务。同时，通过对数据的挖掘分析，增加用户的黏性，依据客户的购物习惯，分析客户对金融产品和理财的偏好，并通过平台系统定期为客户推送理财建议等，逐步形成完善的京东数据应用分析系统，提高企业的盈利能力。

2. 京东的主要盈利模式

京东在各个领域都发展得很迅速。其主要的盈利模式包括：第一，京东是自营模式。自营店的产品都是向厂家直接拿货，京东自己从中间赚取差价，所以这也就是京东自营店的产品相比于淘宝网更加让人信任的原因，但它的盈利模式就与淘宝网有着很大的差别。第二，京东除了有自营店还有其他的商家，京东将网站的虚拟店铺租赁给各商家，收取租赁费用、产品交易费用、登录费用等。第三，京东资金链完备，不仅有资金的沉淀收入，还进行投资让资金流通而实现多方获利。第四，京东帮助商家打广告赚取广告费用。第五，京东有自营物流公司，相比于其他的电商平台，在物流这方面节省了很大的费用。

6.1.4　雷军与小米网络营销

雷军，小米科技创始人、董事长兼首席执行官；北京金山软件有限公司董事长。小米科技有限责任公司成立于 2010 年 3 月 3 日，是一家专注于智能硬件和电子产品研发的移动互联网公司，同时也是一家专注于高端智能手机、互联网电视以及智能家居生态链建设的创新型科技企业。

1. 产品策略创新

小米公司的产品平台通过手机将其自身开发的软件集成在一起，从而形成一个旋涡效应——不断从外部吸引用户进入的产品模式。相比其他的智能手机厂商，小米的优势是在手机中集成了多个差异化产品，如 MIUI、米聊等。小米手机产品策略的核心就是大量借鉴和应用概念营销，将产品的整体概念传达给消费者，从而使产品在较短的时间内在手机市场中销售。小米手机产品的研发创新了“发烧友”用户参与的模式，成为手机产品研发的全新的形式。“发烧友”们为小米手机产品的研发出谋划策，提供了各种多样化和个性化的建议，不仅有效吸引了市场关注度，也取悦了手机市场的潜在用户。

2. 定价策略创新

小米手机的定价目标是市场占有率最大化,因为低价能有效限制竞争者,易于形成控制市场和价格的能力,为提高企业盈利率提供保障。小米公司采用的是主动竞争定价方法,其参考了国内智能手机市场上相互竞争的同类产品价格作为其定价基本依据,根据竞争状况的变化确定其产品的价格水平,同时根据企业自身的特色和手机产品的实际情况,在同等配置、性能、功能的情况下与其他竞争对手的产品差异状况进行比对,确定 1 999 元的产品价格低于市场价格。采用渗透定价策略,即在新产品上市之初确定较低的价格,吸引大量购买者,扩大市场占有率。通过渗透的低价可以使小米手机尽快为市场所接受,吸引消费者注意力,在生产能力提升后增大销售量来降低成本以便获得长期稳定的市场地位;较低的价格阻止了竞争者的进入,增强了自身的市场竞争力,提高了市场占有率。

3. 促销策略创新

(1)饥饿营销

在市场营销学中,所谓"饥饿营销"是指商品提供者有意调低产量以期达到调控供求关系、制造供不应求的"假象"、维持商品较高售价和利润率,同时也达到维护品牌形象、提高产品附加值的目的。企业运用"饥饿营销"时,一般会分为三个步骤:第一步是强力的宣传造势;第二步是人为造成供不应求的现象;第三步就是加价销售。在小米手机的营销策略中,饥饿营销已成为小米手机的重要关键词。虽然小米公司没有采取加价销售的手段,但是小米手机在其饥饿营销的前两个阶段的宣传造势、限量发售,有计划地控制产品放货节奏,将小米手机的关注度推至一个可观的高度,使物以稀为贵,在正常情况下大多数消费者无法通过正常渠道买到小米手机。在小米手机发布期间,通过控制产品销量和发货节奏,造成市场上大面积缺货的现状,进一步增加用户和媒体关注度,引发消费者的大规模追捧。同时在互联网的平台上,同步配合媒体宣传策略,推动小米成为移动互联网行业和智能手机行业的一大热点,有效带动小米手机的销售。

(2)事件营销

首先,高调举办发布会宣传新产品。雷军利用苹果公司的影响力,融合其自身的名声和号召力,在国内手机市场上,巧妙借鉴了苹果公司发布手机新产品的方式,举办发布会来发布小米手机新产品。其次,工程机先发布属国内第一例。小米手机的正式版尚未发布,就创新了发布工程机的方式,在网络上采用了秒杀的形式来出售工程纪念版手机。同时营造发售氛围,发售前三天,每天发售 200 台限量版手机,其价格较正式版手机优惠 300 元。此外,发布日之前在小米论坛有 100 积分以上的用户才有资格参与秒杀活动。工程机发售的新闻瞬间传遍网络,网络浏览量和点击量持续增加。雷军有效地学习苹果公司的造势策略,新产品消息半遮半掩,增加媒体曝光度,让潜在消费者不断关注,最后在万众瞩目下发布新产品,获得了极大的媒体效应和市场关注度。

同时,雷军也是中国著名天使投资人,他有三条投资原则:不熟不投,只投熟人不投项目,帮忙不添乱。他在选择投资项目时,通常考虑四个必备条件:大方向很好,小方向被验证,团队出色,投资回报率高。投资的项目包括卓越网、逍遥网、尚品网、乐讯社区(移动互联社区)、UC优视、多玩游戏网(欢聚时代)、拉卡拉、凡客诚品、乐淘、可牛、好大夫、长城会等 20 多家创新型企业。

6.2　电子商务案例解析

6.2.1　生鲜电商失败案例分析

1.公司基本情况

某生鲜网是"像送牛奶一样送菜"模式的创造者。其希望通过在每个客户门口放置一个购物箱的方式,解决生鲜电子商务的难题。通过预定、定时配送和集中配送等低成本运作方式,让低价生鲜电子商务成为可能,让用户上班时买菜,下班时家门口取菜,方便人们的生活。经营产品包括新鲜果蔬类、粮食主食类、调味品类、肉蛋奶类、有机蔬菜类、包装食品类、进口食品类等。公司有1 000平方米加工中心,进行蔬菜、水果包装加工,网上商超发货流水作业。物流配送部拥有装备齐全的仓储物流车以及遍布社区的专业社区配送队伍。公司聘请专业生产管理人员,严格控制质量,建立了一套完善的生产、包装、配送服务标准体系。产品供应某城市各大社区及各高科技企业园区等,通过不断完善的产品结构来满足社区居民的购物需求。

2.创业项目理念、优势与特色

(1)创业理念

公司的宗旨是"团结敬业,优质服务";原则是"质量第一,信誉第一";目标是为各社区居民提供最优质的服务,以人才、信息、质量、效率竭力满足社区服务行业日新月异的发展需要。

(2)优势

蔬菜按订单进货,既保证了新鲜又降低了损耗;通常菜市场或超市的综合损失率在30%以上,而该网的损失率低于5%。场地等租金也比超市和菜市场便宜得多,不需要在繁华地段,虽然增加了运输成本,但是通过科学的物流和集中配送形式让物流成本大大降低。低成本还来自科学的管理,通过流水线和标准化包装,降低了人工成本。该网可以直接送达用户指定地点,量大后还具有议价权,所以可以预见该网在与超市的竞争中具有一定优势。

(3)特色

该网"像送牛奶一样送菜"的模式学习了腾讯利用人们"聊天"的需求,建立了庞大的高黏性网上客户群,利用人们"吃"的需求,创建更加庞大的实体客户群,而互联网让这一切成为可能。该网在成立三个月时就拿到了风险投资,受到资本市场的青睐。成立两年来,该网解决了上千个生鲜电子商务难题。

3.创业失败原因分析

在我国,"生鲜电商"这一领域至今仍然处于起步阶段和摸索阶段。"卖菜"看似一个农民都能做好的生意,近年来一次次被搬到网上"尝鲜",结果却屡屡受挫、举步维艰。其失败的主要原因分析如下:

(1)融资困难直接导致公司的规模无法拓展,最终创业失败。需谨慎对待目前融资现状,小额融资相对容易,大额融资困难重重,创业后续发展需未雨绸缪。

(2)没有体现出该网本身的"优"来。该网一开始做的是有机蔬菜,取得了一定的成果。可是做了一段时间之后,发现很多所谓的有机蔬菜都是假的,于是又转做普通蔬菜。这样一来就背离了其本身"优"的宗旨,再加上普通蔬菜的质量无法得到保证,使得客户的体验大打折扣,也直接导致了很多客户的流失。

(3)"会员制"购物门槛过高。首次在该网买菜必须先注册账号并在账号里充200元钱方可购物。大多数人是不愿意在没有了解商品质量的情况下就先掏钱的,这样一来无形中就把很多潜在客户拒之门外。

(4)支付方式不够灵活。该网只有在线支付和网站账户支付两种支付方式,无货到付款等多种支付形式,对于不会使用网银工具的老年人并不方便。

(5)不能提供比菜市场更好的购物体验。去菜市场或超市通常可以通过品尝挑选自己爱吃的口味。比如苹果,同样的红富士口味非常多,超市可能在不同苹果的品种前方提供品尝样品。而在该网上购买,没有品尝产品的机会。

(6)物流成本过高。物流是该网站自营的,这样不但增加了公司运作的环节,也加大了公司的运营成本。马云曾说过"电商最大的考验是物流",生鲜电商最难的也正是物流。

(7)盲目扩大经营范围。为了增加效益,该网选择扩大经营范围,从原来的蔬菜、水果逐步增加了油盐酱醋,最后连日用品也纳入了经营范围,使得消费者越发感觉该网不够专业,造成了客户流失。垂直电商创业须选好细分市场,恰当规模,专注并做到极致才更能成功。进货、仓储、装配、物流、网站维护、客户发展等都需牵扯太多精力,花费太多成本。创业要集中精力做好最擅长的事,让专业人做专业的事,有些非核心业务可以采用外包等形式。

该生鲜电商网站创业虽然以失败告终,但并不代表生鲜电商创业不能成功,目前还有一些运营不错的生鲜网站。生鲜电商有着巨大市场空间,究竟应该采用什么模式才是真正符合中国国情,才能最终走向成功? 中国的生鲜电商还在探索中。生鲜非常适合本地化经营,本地化生鲜平台是未来的必然,也是生鲜电商的方向,通过平台进行专业化分工,基地只管种菜,电商只管发展用户和服务用户,平台负责 IT 解决方案,物流外包给专业生鲜物流企业。只有专业化分工才能真正让各个环节的效率达到最高。

6.2.2 聚美优品垂直电商转型

1. 聚美优品发展历程

聚美优品诞生于 2010 年,由陈欧和几个斯坦福大学校友一起创立。那时,国内化妆品电商市场有三个特征:快速增长,集中度低、线上没有龙头公司,毛利率高。在一片混沌、群龙无首的市场中,聚美优品依靠"三板斧"渐渐脱颖而出。"第一板斧"是打折闪购,无论是做电商还是做线下,无论是平台还是商家,吸引消费者最重要的手段就是打折。聚美优品当时学习线下实体店的限时特价,每天挑选一些化妆品进行打折闪购,吸引了一大批消费者蹲守下单。"第二板斧"是照片好看,做淘宝的都知道图片对转化率影响极大。旅行房屋租赁平台 Airbnb 刚创立的时候,很少有人在上面预订房间,后来 Airbnb 派专业摄影师去给出租的房间拍摄好看的照片,预订数立刻暴增。聚美优品很明白图片的重要性,搭建了自己的影棚,所有商品100%实物拍摄。"第三板斧"是30 天无条件退货,网上买东西尤其是化妆品,大家都很怕买到假货。聚美优品为了打消消费者的顾虑,除了承诺自家卖的都是正品,还支持30天拆封无条件退货。相对于一般的7天无理由退换货,30天这个期限是极具吸引力的。依靠这三个策略,陈欧带领聚美优品一路高歌猛进成为化妆品电商的头部公司。2014年,聚美优品上市,成为第一家在美股上市的中国垂直电商公司,市值超过35亿美元。然而,聚美优品的电商业务之后却连年下滑。2015年,聚美优品的营收有73.4亿人民币,2016年还有62.7亿,到了2017年只剩58.17亿。活跃用户数方面,聚美优品在2015年的活跃用户是1 610万,2016年还有1 540万,到2017年降到1 510万。短短两年,少了100万人买东西;相比之下,其他电商平台的活跃用户都在增加。如今聚美优品已转变为一家多元化的时尚科技集团,2020年4月15日,聚美优品宣布完成私有化,正式从纽交所退市。

2. 聚美优品电商转型的主要原因

（1）从诞生开始就被假货困扰

早期,聚美优品会找到某个化妆品供应商供货,接着拍摄图片,放到网站上销售。消费者下单后,聚美优品会通知供货商发货,寄到消费者手里。从发货到收货,聚美优品全程没有接触商品。这种代销模式的好处显而易见,低成本,零库存,但这种模式的坏处也很明显,那就是商品无法保真。聚美优品从诞生开始就一直被假货问题困扰,因为代销模式根本就不能把控商品的真假。当供货商在利益作祟下向消费者提供假货,消费者就会把售假的标签贴在聚美优品身上。同时,聚美优品的经销有品牌授权,卖的是正品。但是,总体上代销占主导,消费者只会误以为聚美优品真假掺着卖。2014年7月,祎鹏恒业售假风波爆发。作为供货商,祎鹏恒业在多个电商平台销售假冒奢侈品,被媒体揭发。售假风波波及多个电商平台,但最受打击的还是聚美优品。陈欧为此下定决心,砍掉整个第三方奢侈品业务线,转向自营。

（2）发力跨境电商被新政重创

售假风波爆发后,很多人骂聚美优品。作为回应,陈欧在微博上发布长文《你永远不知道,陈欧这半年在做什么》。文中透露,聚美优品正在发力跨境电商。事实证明聚美优品把重心转移到跨境电商是正确的。海关进出口数据显示,截至2015年6月底,聚美优品的跨境保税进口业务量全国第一,占全国所有跨境电商试点单量总和的51.2%。只可惜命运弄人,2016年3月,政府推出新政,调整跨境商品的税收政策,并宣布新政将在4月8日实施(下文简称408新政)。按照这个408新政,跨境电商的进货成本会大大提高。虽然政府不久后宣布延迟实行408新政,但风向已经改变,聚美优品等多个跨境电商平台遭受重创。

（3）电商平台变成网红店,高管团队意见不合纷纷离职

陈欧拍了著名的"我为自己代言"的广告,还不断参加综艺节目,不仅吸引了一大波粉丝关注,还为聚美优品带来巨大流量,网站日访问量从100万飙升至400万。粉丝越来越多的陈欧,渐渐从聚美优品CEO变成网红,不停在微博上吆喝卖货。陈欧发一条微博,就能给聚美优品带来上百万,甚至上千万的销售额。聚美优品也渐渐从电商平台变成了陈欧的网红店。

在陈欧微博带来巨大销量的同时,聚美优品的业绩却一直下滑。高管们与陈欧对公司发展方向的分歧很大。在阿里、京东、苏宁、唯品会等加快布局物流和支付的时候,聚美优品并没有在这两端发力,而是把资源放在了智能硬件和影视制作上。从手机充电器、无人机、空气净化器到共享充电宝,陈欧屡次在智能硬件领域砸钱,但并没做出亮眼的成绩。高管们认为,电商的核心是商务;而陈欧认为,微博等新媒体才是重点。最终,包括联合创始人、首席财务官在

内的众多高管纷纷离职。

6.2.3 乐蜂网接受唯品会重整

1.公司概况

乐蜂网与聚美优品曾一度被称作化妆品电商网站的"双壁",两家老板都是知名度颇高的时尚人物。自从2014年情人节,乐蜂网作价1.125亿美元卖给唯品会75%股份后就弱了很多,乐蜂网的业绩并没有明显提升。乐蜂网不仅销售额规模上不去而且还在持续亏损中。唯品会2014年财报显示利润环比下降是受乐蜂网影响,因乐蜂网在亏损中。目前乐蜂网网站已经无独立门户运行。

2.主要失败原因分析

(1)"达人效应"转化率低。初期,其创始人李静以"明星达人效应"进行宣传推广,短时间内聚集人气,但购买力转化不高。过分倚重明星达人,偏离电商核心,公司整体战略一再摇摆。

(2)高管流失,业务与唯品会互搏。资料显示,唯品会接手乐蜂网后,多个高管职位发生变化,涉及财务、人力等方面。除了原班人马大量流失外,唯品会给乐蜂网的定位是独立经营,因此唯品会内部并不能得到太多实质性的资源支持,甚至还要与其进行直接竞争。

(3)乐蜂网定位不明晰,战略方向不坚定。在收购乐蜂网之后,唯品会依然在独立推动自己的化妆品电商业务。两家网站几乎是平行向前,缺乏更多有效的交集和协同。短期动荡对其实际业务影响较大,而唯品会没有给予足够的资源支持和扶植,加上被收购后独立品牌自然而然弱化,慢慢有被边缘化趋势。

3.对发展化妆品垂直电商的建议

我国电子商务行业正处于高速发展时期,并具有多种形式的参与者,更多传统零售商正在向电商转型,企业之间的激励竞争不可避免。希望上述案例可以提供借鉴,从失败中寻找方法和经验,从而更好地发展电子商务。首先,确定电商的四要素(商城、消费者、产品、物流),识别需求,准确定位,明确战略方向;组建专业的团队,制定合适的营销方式;根据各个行业的不同,制定相应的运营机制;关注相应法律法规的动向,遵纪守法。

6.3 大学生电子商务创新创业参赛获奖项目

6.3.1 High Fun 交换旅游平台

1.基本情况

该项目为2015年全国大学生网络商务创新应用大赛全国总决赛一等奖获奖项目。

　　High Fun 交换旅游平台是由四个在东北上大学的海南大学生发起的项目。项目灵感来源于团队四个人喜欢旅游却苦于高额旅游经费和旅游中可能产生诸如"宰客"等问题的困扰,以及热爱自己家乡的一草一木,想要推广传播海南文化的愿景。

　　项目提出"交换旅行"的创新点,加以微信公众号等新媒体及线下地推的推广方式,在项目的开展过程中,形成了"校园电商+旅行社合作分销"的盈利模式。最终发展成为以发扬海南文化为基础,致力于对文化、美食等多方面的资源整合,在全国范围内建立起面向年轻人群体以个性化路线为主体的旅游平台。

2. 商业模式

　　本项目结合当代互联网的发展背景,致力于研究一种属于这个时代年轻人的旅行模式——"交换旅行"。通过线下和线上结合的方式进行推广,再通过与经销商或者公司达成合作协议进一步巩固推广模式。线上以微信公众号为基础起步,将微信公众号与微店进行结合,以此推广产品及服务。在网站投入使用后发布"交换旅行"产品。线下通过试吃会以及推介会进行宣传并吸引用户群体。

3. 管理运营

　　(1)微信公众号

　　微信公众号的菜单内容包括三大部分:①旅游 High:分为环岛路线 A、环岛路线 B、海南文化三个部分。环岛路线 A 主要是介绍海南岛东部的旅游路线;环岛路线 B 则是主要介绍海南岛西部的旅游路线;海南文化主要是介绍海南的非物质文化,如黎锦等。②吃货 High:虽然二级菜单部分有三个可选项,但其实都是链接到微店。③寻找 H&F:二级菜单里又分为关于 High Fun 和 Fun 客留言两部分。

　　(2)微店

　　微店主要分为六个模块:①新品上架:微店会不定时上架新产品,顾客可以通过这个分类及时了解新品信息,以便购买。②周末特惠:周末推出特惠产品促销,为顾客提供更实惠的商品。③High Fun 吃系列:目前主要贩卖一些海南和东北的特产小吃、零食,以后将逐步囊括全国各地特产小吃。④High Fun 喝系列:主要贩卖一些各个地方特产的饮料,例如海南椰树的菊花茶、冬瓜茶、豆奶等,是微店的主要模块。⑤High Fun 玩系列:主要介绍 High Fun 团队推荐的精品旅游路线,并会标出估价。⑥High Fun 乐系列:主要是贩卖 High Fun 的周边产品,比如勋章、玩偶、文具等。

　　微店营销方案:①不定期举办试吃会,邀请学生到现场品尝新品,通过朋友圈宣传 High Fun 平台。②赞助活动。了解近期校园内有哪些活动,通过给学生提供免费特产当作小礼品的方式,推广微店。③路演。在校园人群密集的地方,通过文艺表演、游戏抽奖等方式聚集人群从而进行产品宣传展示。④通过"周三特价"等活动,提高微店流量、活跃度。

4. 问题与解决措施

　　(1)工具性(盈利)问题:旅行并不是我们生活当中的必需品,推广盈利难度很大。解决措施:结合互联网的时代背景,在"交换旅行"这一创新点上继续探讨更多模式的可行性,诸如直播旅行的开展、AR 技术的运用,让其在社交层面上更加地吸睛。

（2）资金（技术）问题：团队成员都没有真正的项目开发经验，且硬件条件不完善，对于一些水平要求较高的技术难以实现，只是在不断摸索中前行，导致项目的进程相对缓慢。解决措施：通过参与相关的比赛争取获得好名次以便得到学校政策的相关扶持，寻找技术可靠的外包公司进行项目的优化。

（3）团队成员问题：团队四名成员均是大四在校生，都不免要面临就业或继续深造的选择，能投入到项目当中的精力也比以前少了许多，因此项目的延续性是个较大问题。

6.3.2　基于中央厨房冷热链配送的 C2F 健康餐饮

1. 基本情况

该项目为 2017 年国家级大学生创新创业训练计划项目。

"民以食为天"，健康餐饮，从源头、制作、搭配上，已然成为刚需，是餐饮行业的必然发展及终极追求。在鱼龙混杂的餐饮市场中，市场机制并不完善，快餐店、外卖店的地沟油、违法添加剂等不良因素曝光后，健康餐饮成为关注焦点。

我们对于学校周边餐饮环境现状进行调查，发现 80% 左右的店铺存在以下问题：厨房环境脏乱，布满油渍，有未定期清理的现象；所选食材低劣，在源头上无法保证其营养及健康；消防措施不到位或被忽略，极易发生火灾；食材处理方式十分随意，滥用药剂防止腐烂。由于低劣食材成本极低，仅有这样才能有利可图，经过与周边供货商的对接发现，餐饮行业对于此类食材的默许令人发指。

海瑞森（大连）餐饮有限公司旗下品牌健康时空作为一家以传统产业为基点的大学生创新创业项目，秉承着改善现有餐饮状况，以为消费者提供高质量的用餐服务为宗旨；以科学健康的餐品为核心；以创新的模式为运营方式，设立了中央厨房冷热链的配送模式，加强品质控制以及提高制作和配送效率；最终通过 C2F 的模式将高质量的餐品提供给消费者。

2. 商业模式

（1）中央厨房轻资本运营

中央厨房指的是将菜品用冷藏车配送，全部站点实行统一采购和配送。以前餐厅的进货方式是，所有新鲜蔬菜由站点实行单店采购。采用中央厨房配送后，比传统的配送要节约 30% 左右的成本。中央厨房采用巨大的操作间，采购、选菜、切菜、调料等各个环节均有专人负责，半成品和调好的调料一起，用统一的运输方式，赶在指定时间内运到分站点。

优势：通过集中规模采购、集约生产来实现菜品的质优价廉，在需求量增大的情况下，采购量增长相当可观。为降低食品安全风险，形成集约化、标准化的操作模式，中央厨房对原料采购的要求也在不断提高。品牌原料不仅能够保证稳定的供应，良好的物流体系能更好地保证原料的新鲜与安全。集约化采购对餐饮工业化发展推动作用明显，企业合作互惠互利。中央厨房带来的还有成本的降低和市场竞争力的提高。一方面是原料成本，中央厨房通过大批量进货减少中间环节，使产品具有价格优势。集中加工提高了原料综合利用能力，边角余料可以通过再加工进行使用，减少浪费，从而降低成本。另一方面是人力资源成本，中央厨房的设置使经营点缩小厨房面积或取消了自有厨房，不仅可以改善环境，还可以减少勤杂人员。建立中央厨房，实行统一原料采购、加工、配送，精简了复杂的初加工操作，操作岗位专一化，工序专业化,有利于提高餐饮业标准化、工业化程度,是餐饮业实现规范化经营的必要条件,只有这样才能在一定规模基础上产出规模效益,更科学地保障消费者餐品的安全。

中央厨房特有的生产配送模式,虽然拥有了统一管理、降低成本、便于规模化经营的特点,但其配送环节的产品品质难以把控的问题仍是一个障碍,因此冷热链配送的运输模式填补了中央厨房的不足。

冷链配送主要是指中央厨房能够在 10 分钟内将产品中心温度降低到冷藏温度以下贮存运送到站点,站点加热后运输至客户。热链配送是指中央厨房能保证在制作完成直至送达客户始终将产品中心温度维持在 65 ℃以上,因为人在餐品温度为 65 ℃左右时才能获得最佳的用餐体验,既不会太烫也不会太凉。

针对较远路程客户:采用的是冷热链结合的方式进行配送,即前期采用冷藏或冷冻运输分类运送至配送点进行加工处理,最后在短时间内送至客户手中。针对短程客户:直接采用热链保温配送。这样在中央厨房的模式之下就可以做到既保证了产品的温度、色泽、口感,又能够做到防止长期在保温箱中贮存所导致的细菌滋生问题,使顾客的就餐体验大大提升。

轻资本运营方式主要是根据前期的资金状况,考虑实际的成本投入以及风险方面,在店铺运营前期服务方式上仅提供外卖市场,不设门店到店餐饮。因此可以减少高昂门店费用,减轻初期创业风险,另外还可以通过外卖的方式扩大消费者市场,并降低项目的门槛,增强成本竞争力。

(2)C2F 模式

C2F 是英文 Customer to Factory(顾客对工厂)的缩写,中文简称为"终端消费者对工厂",是指消费者通过互联网向工厂定制个性商品的一种新型网上消费行为,这里所说的工厂指代的则是中央厨房。

C2F 是以消费者特殊购买需求为主导,以工厂生产制作加工服务为构成条件的新型网上消费体验。消费者可以定制独一无二的商品,C2F 电子商务模式满足了不同群体对不同商品的不同需求。

例如在健康餐饮方面可以通过 C2F 模式提供个性化的健康餐饮服务,对于不同体质、年龄、性别的不同差异个体推出不同的健康餐饮定制产品。比如对于学习压力巨大的高中生推出专门的考试套餐,对于孕妇推出对应的营养套餐,对于减肥的人群推出低糖少油的减肥套餐等。另外,更高级的是,可以针对这些群体开发出周、月甚至季度套餐等。

C2F 相对其他电子商务模式的优势:C2F 使商品价格更便宜,直接向中央厨房定制,节省出中间环节所占据的 1/3 左右的价格空间;C2F 让消费者尊享个性商品,中央厨房具备生产制造能力,所有餐品可以个性定制。中央厨房具有国际环保认证、技术认证、原材料质量认证,保证所定制的商品真正意义上的环保、品质有保证;直接向中央厨房定制月度、季度餐,对于未来产量有了基本的预期,降低中央厨房生产原材料存货风险,加快整体资金周转速度,提高中央厨房生产效率。

3.管理运营

(1)外卖平台营销

外卖平台营销主要以美团、饿了么平台为基础,根据不同的外卖平台政策推出满减等优惠活动吸引客源,设置了一系列阶段性推送活动:如线上优惠活动满 10 减 5、满 20 减 7、满 50 减

15,每月不定期限时折扣商品 3.8 折起,平台不定期发放 1~7 元代金券。同时注意保持各个平台折后价格相同以免造成不公平现象影响顾客体验。

开店初期可以根据平台对于排名靠前的新店支持政策在前期迅速扩大订单量,保持一个相对靠前的排名;后期可适当通过购买各平台竞价排名等服务使店铺处于比较靠前的排名位置,增加店铺的平台曝光率。

(2)微信自营销

微信作为如今覆盖最广的社交平台,是店铺营销活动中必须重视的一个领域,通过微信针对新老客户推出一系列的营销活动以提高店铺知名度:朋友圈分享好评并配图,无分组可见并12 小时不删除,可以添加客服微信领取返现红包;购买本店外卖 10 次及以上并评论者即可在客服微信用订单截图兑换会员码,之后购买本店产品时在支付页面备注会员码即可送饮品一杯。

(3)情感营销

情感营销就是把消费者个人情感差异和需求作为店铺品牌营销战略的核心,通过情感包装、情感促销、情感广告、情感口碑等策略来实现外卖店的经营目标。在情感消费时代,消费者购买商品所看重的已不仅仅是商品数量的多少、质量的好坏以及价格的高低,更是为了一种感情上的满足,一种心理上的认同。情感营销从消费者的情感需要出发,唤起和激起消费者的情感需求,诱导消费者心灵上的共鸣,寓情感于营销之中,以此增强店铺与消费者的联系。为了与消费者建立起这种紧密的情感联系,店铺推出了一系列有关的营销策略,包括给顾客的手写信和暖心贴纸。

(4)多渠道广告营销

①配送车箱体广告:创建自配送体系,致力以优良服务提高顾客消费积极性。到店堂食与外送餐饮的最大区别在于有无服务。而配送是将菜品与顾客对接的最直接也是最后一个环节,因此配送体系的优良服务及态度也是产品营销的一部分。而我们在配送车上印有自己的Logo 以及广告语,直接进行宣传。②传单+兼职售卖:此种线下营销为最普遍直接的营销方式,雇用兼职学生在人流量较大时期进行传单的发放,以此扩大品牌的知名度。③现场试吃:在校园里人群密集的地方开设试吃宣传点,展示新鲜优质的外卖,邀请顾客们免费试吃店铺新品,增加消费者对于店铺的了解,还可以通过表演、游戏等多种形式吸引人群,促进营销效果。④顾客评价:我们可以借助网络收集更多顾客偏好等信息,然后在平台通过云计算,统计菜品的受欢迎程度,从而进一步调整或增加菜品达到提高销售量的目的。⑤微信服务号:通过初期外卖平台积攒顾客,在微信上进行下一步的宣传与销售。这不仅节省了平台销售的抽成服务费,还拉近了与顾客的距离,为推出更好的服务奠定了夯实的基础。

4.问题与解决措施

(1)产品质量风险与规避

众所周知,经过一段时间储存放置的菜品不论是在口感和味道上都与刚制作出来的菜品有一定的差距,菜品的长时间贮存很容易造成食材不新鲜、口味不佳等问题。这种情况在每一个外卖企业中都发生着,而且由于外卖行业的特点,这种情况不能完全地避免,只能通过一定的方式尽量减少其所带来的影响。

解决措施:采购并应用更高效的热链设备。在前期对运输路线做更优的规划,减少运输时间;采取二次加工的形式,中央厨房生产可初次加工的半成品后,运输至各地站点进行简单的二次加工。

（2）需求量波动风险与规避

在餐饮行业中每次组织生产之前都必须提前购置原材料,因而在销售之前必须要对接下来销售量有一个基本预期才能根据其购置原材料,而在实际中天气、各类节日对销售量可能有着较大的影响,各站点不能很好地预测第二天的订单量,极容易造成食材的浪费或货源的紧张。

解决措施:①每日推出限量产品,或限定产品(如每天只限三种菜品),便于减少原材料的种类,更加易于估测原材料的数量,进行提前配置数量。同时研发团队研发更多菜品,可做到季度内每日菜品不重复。②站点可采用预订的形式,并对此类预订用户给予一定的优惠及补贴,以减少损失及浪费。如对提前 5 小时预订菜品的用户给予一定的优惠活动,方便对于销售量的提前预测和准备。③设计按周、月、季度订餐的套餐系列,可以稳定一部分的销售量,做到资源的提前精准配置。

（3）财务风险与规避

店铺在前期购买设备、租用地址、配送工具、招聘人员等方面投资量较大,在后期可能存在资金无法收回的情况;同时每日的食材购买,需要一个较为稳定的现金流,如果资金断裂可能会使后厨方面无法进行餐品制作,造成严重后果。在未来的发展中可能存在以下两点财务风险:①投资风险:投入资金和收回资金之间有一个或长或短的时间差,在这期间内由于收益的不确定性,导致资金的预期收益和实际收益在数量上有差距,甚至可能收不回本金,从而使投资活动达不到预期的收益效果。②经营风险:平台有原材料积压,导致浪费食材和资金,带来现金流无法正常流转的可能性。

解决措施:①投资风险解决方式:合理预期投资收益,遵循稳定性、适度性、低成本的原则,加强投资方案可行性,协调经营风险。②经营风险解决方式:完善经营管理制度,加强资产与债务运营中的风险控制。在原材料的购买初期可按照预测的最低数量购进原材料,最大可能性地减少资金的损耗。通过以上方法建立完善的财务系统,对资金进行规范化控制,尽可能地减小财务风险。

（4）竞争风险分析与规避

由于地域关系,初期在大连海事大学以及大连理工大学周围并没有显现出明显的竞争现象,但在中后期的发展中可能会存在潜在的竞争关系。根据前期的调研,附近的外卖市场中没有类似以健康餐饮类型的外卖竞争对手,因而运营初期的竞争对手则是高校周围众多的外卖店。

解决措施:①在项目成立初期,对于潜在的竞争对手进行全面而细致的分析,从运营模式、发展状况、产品、营销等各个方面进行全方面的研究分析,归纳并且总结竞争对手的优势并在实际运营中学习并实施,以求在自身建设方面超越对手。②提前占据市场,以品牌与顾客建立紧密的联系。针对潜在的竞争问题,可以在现阶段加强对附近高校市场的开发,在其他品牌有可能进入之前稳定市场,通过一系列的营销活动加强与消费者的联系,将品牌的健康餐建立在消费者内心,获得先发优势。③对于学校周围的现有竞争者,应该发挥自身的优势,将先进的中央厨房模式、C2F、健康餐饮等优势充分发挥,以在众多的其他竞争者之中脱颖而出。

（5）人力资源风险分析与规避

人力资源风险分为两类：一类为店铺运营过程中后厨以及配送团队的人力资源风险；另一类为创业团队中人员的人力资源风险。第一类表现为在店铺运营中会产生的职工被辞退或者主动辞职的人力资源风险，这可能会造成店铺运营的中断，从而影响总体的现金流的运转，对店铺造成极大的影响。第二类表现为团队的各个成员可能中断其所负责的部分，造成项目的延迟推进，降低整个项目的效率。

解决措施：①针对第一类风险可以在制度上进行约束，对于在岗人员，按照市场的一般做法可以规定职工必须提前发出辞职请求，为重新招聘新职工留出缓冲时间，使店铺可以连续运营；另外可以提前联系预备职工，以备突发的辞工事件出现。②针对第二类风险，团队的高层管理人员应该从根本上提高管理质量，加强与各个员工的沟通与交流，加强对内人员建设工作，从根本上解决问题。

6.3.3 易联——打造大学生与商家互联平台

1. 基本情况

该项目为2017年全国大学生网络商务创新应用大赛辽宁省赛区特等奖项目。

基于"为大学生服务，便捷商家，实现信息对称化"的理念，设计"易联"APP。这是一款主要基于地理位置和全国线上的学生、社团、商家、企业，方便学生获得校园资讯，找赞助，轻松获得校外学习课程清单，实现头脑风暴；商家投赞助，宣传自身业务，扩大影响力，同时具有一套诚信评价系统的APP。它作为大学生与校外市场沟通合作的桥梁，提高了大学生与商家实现需求的效率。

从学生角度来说：社团、学生都可以通过注册，完善自己的信息并发布在APP中，一方面作为自己的认证，另一方面又能通过在相关板块的需求发布，等待商家主动与其联系，也可根据自己的需求更加快速精准定位。从商家角度来说：通过注册，设置信息，将机构信息展示给学生用户，随时更新发布信息，提高影响力，等待有意愿的大学生主动联系。同时在两大板块中，还有按照不同用户需求定时更新精品"干货"供商家与大学生空闲时学习。

同时，用户可通过每日签到，以及交易成功次数来获取"奖励币"提高自己的活跃度，当其达到一定数量时，按比例抵消真实钱数。此APP有一套诚信评价系统，每次学生与商家成交之后，即可通过"星级"打分为对方做出评价，"星级"显示各自的信誉度和综合实力。

"易联"APP主要板块包括校园广场和商家天地两个大板块。校园广场包括：找赞助、一呼百应、风采活动、社团信息等。商家天地包括：投赞助、课程列表、榜样讲课等。

客户分为两大群体：学生群体和商家群体。团队先与社团面对面商谈，提升知名度，引入学生资源。之后，利用所得学生资源与商家协调，引入商家资源。前期主攻找赞助与投赞助板块，其余板块逐步完善并逐渐运行。

"易联"APP为广大学生、商家创造一个方便、快捷、互利共赢的平台。它不仅提高了大学生需求实现的效率、突破校园信息对外公布程度限制，减少去校内花费大量时间找资讯、找外联、找培训机构等的时间成本，增加了校园与校外市场的联系，让大学生活动与学习更加精彩，同时也让商家进入校园市场，打开品牌知名度更加迅速和高效。

2. 商业模式

（1）赞助方式

"易联"APP为赞助活动单独设立一个板块，学生可以发布自己的能力范围、优势、需求等信息；商家也可发布自己相关信息投放赞助。其节省了高校学生找赞助的时间，实现一键式投入，等待中意的企业上门。商家也有了赞助投放信息点与更多的选择余地，更快加入、渗入学生市场，打开学生市场。

（2）校外课程

传单上的信息全部分类汇总呈现在APP上，学生可以查看各个培训机构所发的介绍信息，以及课程的介绍信息。缩小选择的机构范围，更有目标地去了解信息。商家将传单费用、人工费用、校园代理费用节省下来转为入驻网站的费用，以及交易扣取的少量费用，十分划算。

（3）众筹模式

不管你是学生还是社团，筹物品还是筹资金，只要你敢想，只要你敢来，我们就把想要筹集的东西放在平台上，等待伯乐的赏识。为大学生提供一个真正的筹人、筹智、筹资金、筹渠道的平台。

（4）盈利模式

"易联"APP平台在创建初期，主要依靠期初成本进行小规模试运行，进而不断积累用户资源，随着用户资源的不断增加，交易增加，同时广告商开始将广告投入，从而进入运营的成熟期实现稳定盈利。"易联"APP的盈利方式归结为以下六种：①提成式盈利，交易作为手续费。成功完成外联交易，收取商家赞助额的1%作为手续费；学生通过APP成功报名培训课程，收取培训机构学费的1%作为中介费；学生通过平台成功找到兼职实习，同样也收取企业一定的手续费。②固定式盈利，平台广告位。在网页适当部位留有广告位，包括网页广告、精准投放式广告、植入式广告、活动广告、公共主页广告，进行广告位招商，并将根据网站的流量以及广告的位置来决定价格，广告费为此APP重要收入来源。③商家入驻费。中后期，对需要在平台上发布推广、兼职及实习信息的校外企业收取一定的入驻费，对所有技能、资源、任务，通过宣传力度的大小分为不同的费用等级，如网站首页的特别推荐作为第一等级，不同类别分页展示的为第二等级，其他为第三等级。④增值业务收费。向享有更多个性化功能的用户收费被称为增值业务。具体操作方法主要表现在两个方面：一是直接向用户收取会员费用，为会员用户提供优先权，例如抢先掌握校外信息，享受一些付费项目折扣等；二是用户购买虚拟货币在平台进行资料下载、个性定制服务等。⑤点击率式盈利。为确保商家的利益得到保障，"易联"APP将向入驻商家提供日点击量以及期间点击量的汇总报表。软件将通过代码统计将用户点击量、停留时间、IP来源等信息统一反馈给商家，方便商家概览入驻后的业务状况。当点击量达到一定数量后，将收取一定的附加服务费用，根据软件运营状况，每次点击所收取的费用将有所浮动。⑥会员式盈利。会员制度采取月租制，每月收取固定会员费用。为吸引用户注册为会员，"易联"APP将给予会员一定程度的奖励机制，例如：会员进行交易时，将获得额外的奖励币，并且在手续费上也有所减免；此外，会员还将获得额外的积分来提高用户等级，较高等级的用户信息将被置顶显示。会员还将享受提前体验软件新功能等服务，例如产品后期的个性化推荐服务将优先对会员开放，一方面为会员提供更为需要的信息，另一方面，还将优先宣传会员信息，保障会员交易优先。

3. 管理运营

(1) 前期宣传推广

借助京东金融校园和戴尔的平台宣传。由于团队成员担任京东金融校园辽宁大连地区负责人，因此借助京东和戴尔的平台免费宣传，扩大"易联"APP 在学校的知名度。

借助百团大战宣传。在百团大战中，穿着卡通人物的服装引起广大大学生的注意，提高曝光度。同时跟各大社团的负责人进行交流，进行项目的宣传与推广。

借助微信公众平台宣传。建立"易联"APP 的微信公众平台，进行信息的发布和宣传。通过在朋友圈进行转发，提高关注量，同时微信公众平台的某些功能也支持学生和商家进行简单的浏览与查询，并将入驻宣传和举办比赛的事宜在微信公众平台发布。

承办校园活动。自成立"易联"APP 以来，为了提高宣传力度，作为主办方自己组织相关活动，加强在学校的知名度，与京东校园合作，通过举办"易联 Logo 设计大赛"，一方面进入学生市场，另一方面寻找好点子，设计出专属"易联"的标志。

(2) 技术应用

"易联"APP 在设计上采用了 Google 官方推荐的主流的 Material Design 风格，使得整个 APP 界面简洁大方，并具有很好的层次感，交互上更人性化，整个 APP 具有很好的用户体验，极大地提高了用户黏性，在一定程度上保证了用户的留存率。

"易联"APP 在开发方面，大量采用了主流的第三方框架，比如在网络请求上采用 OkHttp、Retrofit 框架，在数据库操作上采用 Realm 框架，在图片缓存以及显示能力上采用了 Glide 框架。这些框架能够很好地满足项目需求。

"易联"APP 在可用性方面提供了简洁便利的 API，方便集成使用；文档齐全，且可读性强；遇到问题或者 Bug 时，能够很快地得到官方的技术支持；在性能上也能够满足项目需求。第三方框架的使用极大地降低了开发难度，方便了后续升级。

"易联"APP 集三个板块于一体，因此要求更加强调用户服务的精准度。我们将商务智能化加入"易联"APP，利用个性化推荐算法实现精准推荐，从而更加精准把握用户的潜在目标区，长期地绑定用户，延长使用体验，优化用户关系。首先在注册时记录用户兴趣点，同时用户也可以在后来的过程中随时更改兴趣点，此外长期记录用户日志，最终采用基于内容的个性化推荐算法，以用户过往日志记录与明确兴趣点，预测用户未来行为倾向和可能喜欢的内容，实现精准推荐，让用户在"易联"APP 上得到最大利益的同时留住客户。

4. 问题与措施

(1) 政策风险

电子商务作为信息时代的新型产业吸引了很多商家，近年来许多具有雄厚实力的商家开始走向了线上线下同时运作的模式，甚至有一些商家完全以线上交易为主。然而电子商务行业的相关法律仍然处于不断完善的过程中，不能够排除国家新政策的推出或者新法规的实施会给业务带来一定的影响，所以在产品运作阶段可能会面临未知的政策风险。

应对措施：密切关注有关电子商务行业的法律法规的制定，以及关于电子商务行业有关政策调整的讨论，及时对运营中存在的问题进行改进，尽量减少政策变动对运营的冲击。

（2）资源风险

软件的运营资源主要包括外联企业和学生两大主体。对于外联企业而言,首先要做好质量把关,对于入驻企业应该经过严格的审核,做到宁缺毋滥。在运营初期,由于知名度和业绩的原因,可能会在联系企业的时候遇到一些麻烦,尤其是在获得大型企业的认可时需要更多的努力。对于学生而言,为了确保企业的利益得到保证,应该对活动进行考察,并在其活动结束后上交活动图片或其他材料。

应对措施:在运营初期先联系部分拉过外联的同学、各社团主席,以及外联企业,并逐渐通过成交案例进行推广宣传,扩大用户量。在运营过程中及时听取用户的反馈,进行改正,提高用户体验,并经常进行宣传,提高知名度。

（3）市场风险

一方面,由于外联网站的数量相对较少,缺少实践的经验,在进入市场初期知名度不够高时,必然会因为对于市场动向的认知不够全面而遭遇挫折;另一方面,外联涉及企业与学生双方,如何平衡双方利益,使得双方得到真正意义上的双赢才是运营成功的重点,唯有如此才能够不断地吸引新的用户入驻。另外,由于外联活动的不定期性,可能会出现外联企业与学生需求之间的数量关系在某一时间存在较大差异,影响用户进行选择。

应对措施:进入市场初期时主要通过同学关系找到相对熟悉的外联企业,对运营模式进行探索,在不断积累经验之后再逐步进行规模扩张。在应用界面中设立意见簿板块,及时进行整改,并在外联活动结束之后,进行学生与外联企业的双方评分,以便保证良好的用户信誉,培养用户的忠诚度。

（4）财务风险

在运营初期主要以扩大知名度为目的,这样就势必会在利润上做出让步,这也就意味着在运营初期,APP 的盈利相对较少,甚至可能出现亏损状况。

应对措施:在运营初期要对 APP 的收入及费用进行详细估测,避免出现赤字,通过成交案例进一步了解市场行情,并总结出外联市场的规律,以便对运营模式进行优化。

（5）技术风险

由于开发者本科阶段所学知识有限,在制作 APP 时可能会出现 Bug,对产品的使用造成影响。外联企业与学生对 APP 的需求不同,需要 APP 针对不同用户群有不同的侧重点。

应对措施:保证 APP 的实用性。针对不同的用户群体,设立不同的账号类型,分为外联企业和学生两大类,对账号进行区别管理以满足不同用户群体的需求。

6.3.4 基于 O2O 模式的校园 PC 电子商务平台

1. 基本情况

该项目为 2015 年国家级大学生创新创业训练计划项目。

大学生的两大主要 PC 购机渠道为:电子商务平台及实体电脑城。大学生传统的购机渠道为实体电脑城,但可能存在电脑城距离学校较远、价格不透明等问题,无法为在校学生提供良好的服务。

校园 PC 市场的巨大潜力以及现有 PC 购买渠道的不便性是创业的出发点,即为大学生用户群提供一条便捷高效、品质保证、服务贴心的 PC 购机渠道。大连创享天翼电子产品企业是一家普通合伙制企业,主要板块分为校园 PC 电子商务平台和线下体验店(创想天翼电子产品经销店)。主体产品为戴尔、华硕、联想等多种品牌的笔记本电脑,企业立足于大学生校园市场,致力于为大学生提供一条优质便捷的购机渠道,同时线下体验店提供清理灰尘、系统维护、延长保修等一系列售后服务。

2. 商业模式

企业以异业联盟结合的 O2O 模式作为商业模式。总体战略上,企业通过与戴尔等其他 PC 品牌的代理商、中国电信合作,一方面在供应商环节有较大的成本优势,另一方面在渠道构建方面可借用其品牌影响力带来的流量、信任度等优势。执行模式上,企业以 O2O 的商业模式运营,"线上展示、营销推广","线下体验店体验","线上完成交易"(也提供线下形式),充分结合电子商务平台及实体电脑城的优势,解决了线下校园购机渠道的不便性。

异业联盟的模式具体为:与辽宁省戴尔电脑 PC 代理商进行合作,在供应商环节为客户提供了相对低价(忽略了中间的经销商),质量有保证的 PC;计划 1 年内与华硕、宏碁、联想等众多知名品牌进行合作;与中国电信合作,一方面进行了套餐式合作销售,另一方面,借助其品牌影响力带来的流量、信誉等进行营销推广;与神州数码售后合作,为客户提供售后保障,客户可以享受足不出户,就可免费维修的高质量服务;与人人分期、趣分期等进行合作,为平台的用户提供了分期付款的服务,降低了用户的资金负担。

3. 管理运营

管理思想以质量管理理论与复杂适应系统理论为指导,要求所有成员不断进行学习以适应不断变化的复杂环境。企业采取网络化层级管理体制,实现集权和分权统一,稳定和变化统一。初期组织为扁平式结构,由于成员较少,可以通过大量的学习特别是团队学习,形成能够认识环境、适应环境,进而能够能动地作用于环境,有机的、高度柔性的、扁平的、符合人性的、能持续发展的有效组织。为加强市场竞争力,中后期将逐步转型采取直线参谋制。涉及工作室战略选择以及不同工作单元自主劳动的范围与边界确定问题时,队长有最高决策权。工作室管理在强调统一指挥和一定程度集权的同时,也注重分权。工作单元内的一线人员,有权在工作室战略参数范围内自主处理可能出现的紧急情况。

企业的策略是以 O2O 模式进行营销推广,平台通过线上电子商务平台进行产品展示,将用户引流至线下的校园体验店进行体验,最后经由线上平台进行交易(也提供线下交易的形式),以线上电子商务平台营销为主体,配合平台的路演、体验店等进行线下营销,再辅助以销售代表分销等方式推广平台及产品。

企业计划分阶段打开市场,逐步丰富运营范围,增大销售半径,适应各类客户的需求,扩大市场份额,并通过高性价比的产品保持在同行业中的领先地位,先由大连海事大学起步,整理归纳出一套可行的营销推广方案后,再向周边大学渗透、发展,并最终覆盖整个大连市。

4. 问题与解决措施

(1)技术风险分析与规避

项目平台的构建在技术方面依托于成熟的微信公众号平台以及淘宝平台,一方面满足平台推广所需要的流量,另一方面减少了平台搭建的成本,由于这两个平台在技术上相对于小团队开发的自有平台更加完善,这将有利于项目平台的发展。同时,随着微信公众号平台以及淘宝平台的不断更新发展,项目平台也将随之不断发展。

（2）市场技术风险与规避

以O2O模式运营的针对校园市场PC电子商务平台正逐渐成熟,平台的有效运营就需要有足够大的市场,寻求足够的客户。平台的主要内容为笔记本电脑,相比于其他平台而言,大学生自创的平台商品更具有可信度。所以在平台正式运营前,需要通过准确的市场定位,以微信为基础,通过发传单、体验店活动宣传等方式在校内甚至其他高校进行大力宣传,增加影响力和知名度。平台运营初期效益显现后,平台积累了一定量的人气和口碑,便可进行下一步的规划发展,减小市场技术风险。

（3）管理风险分析与规避

管理风险体现在管理体系的每个细节上,是指管理运作过程中由于信息不对称、管理不善、判断失误等影响管理的水平。公司设有逐渐完备的制度,公司员工以阶梯制度存在于校园内,所有人员均有上级领导带领与调控,管理风险主要存在于高层管理。高层管理者的一个任务是培养其管理的成员满足销量要求并逐渐学习进步最终升职,当高层管理者与公司出现纠葛或矛盾,选择脱离公司时面临此类风险,主要规避方式为提拔最有能力的成员升职,接替原管理者的职位。同样地,为规避高层管理者怂恿底层员工脱离公司,公司建立交流体系,使公司的所有底层员工与高层管理者接触,防止出现层层阻碍的状况。

（4）竞争风险分析与规避

目前公司的主要竞争对手为京东、天猫等电子商务平台及线下实体店（百脑汇等电脑城）,各个竞争对手均有其竞争优势。

前者以京东为例,京东是典型的B2C电子商务平台,搭建的是企业与消费者之间的桥梁,与平台相比优势在于品牌影响力大,从供货商企业获得PC的成本会更低,但劣势也尤为突出。一方面,京东等电子商务平台面向的是整个社会层面的消费者,无法根据大学生校园市场的特点提供具有针对性的服务;另一方面,作为B2C平台,京东无法为消费者提供线下体验的服务,即消费者在京东上购买之前是无法直接地体验产品的,而体验是决定用户购买PC的一个很大的因素。

后者以百脑汇为例,百脑汇是典型的实体电脑城模式,通过集中PC品牌,以方便消费者体验、购买的形式来吸引消费者。但对于大连地区的电脑城距离大学城较远的现状,校园消费者并不能便捷地获得体验;同时,电脑城由于租金、物流等成本较高,为了提高利润,普遍存在价格虚高、偷换零配件等问题,越来越不为大学生所信任;并且一旦电脑出现软件等方面的小问题,较远的电脑城也无法提供良好的售后服务。

解决措施:①平台建设多家线下体验店,消费者可以到校园内的体验店进行产品体验,同时,一旦购机后产品出现问题,体验店也可以提供便捷的售后服务,以此与电子商务平台进行竞争。②构建线上电子商务平台,消费者可以随时在微信公众平台上查看产品和交易记录,而不考虑时间、空间的限制,同时节省了一部分店面成本以及人力和管理等成本,以此来面对实体店（实体电脑城）的竞争。③及时进行市场调研,了解消费者的心理和需求,从而对平台的内容进行优化创新。④在消费者中建立良好的口碑,积攒一定的人脉,通过不断的活动与消费者紧密联系在一起,建立互相信任的供求关系。⑤与PC代理商（戴尔）、电信等达成异业联盟,增强自身的竞争力。

(5)政策风险分析与规避

电子商务高速发展的同时,国家针对电子商务已经出台了众多相关法律规定,对市场进行合理规范。逐渐健全、完善电子商务领域的法律法规,不断推出利好政策支持电子商务的发展,也为项目平台的发展提供了一个良好且不断积极发展的政策环境。政策对市场的稳定性有重要作用,但是由于电子商务还未成熟,国家政策也存在一定的不完善之处。针对政策风险,本平台将通过对市场的前期占有以及日趋稳定的整体环境,稳固发展,以此规避政策上存在的风险。

6.3.5 "校园王朝"大学生校园生活服务 C2C 平台

1. 基本情况

该项目获 2018 年辽宁省大学生电子商务"创新、创意及创业"挑战赛省级一等奖。

摩登校园团队开发了一个基于微信端接口采用智能算法的 C2C 网页版平台(即"校园王朝"大学生校园生活服务 C2C 平台),供大学生使用。每个同学能够通过该平台发布自己的任务或接受别人的任务,如摄影约拍、帮拿快递、论文辅导等;每个同学可以通过该平台展示自己的技能,让别人了解你,通过给别人辅导等实现技能变现的功能,用户之间通过虚拟货币的互换完成交易。同时平台还推出了竞赛组队模块,用户可以按不同的竞赛类别线上组队,挑选到合适的队友。

2. 商业模式

项目以给在校大学生无论是生活,还是学习方面都提供一个便利、丰富、互利平台为目标。①企业平台入驻。在平台适当部位留有广告位,进行广告位招商,并根据平台的流量以及广告的位置来决定价格。企业平台入驻是平台最大的收入来源,一方面对接了用户使用频率最高的校园服务,利用平台优势获得议价权;另一方面,帮助校外企业打开校园市场,精准营销。②会员制度。用户通过经验值的积累获得更高的等级,越高的等级对应越多的特权,如昵称红字显示、回复优先显示以及获得任务发布推送等。用户可以通过向平台充入电子货币获得等级的快速提升。会员拥有专属名字、消息置顶、经验值翻倍等三个专属特权。③虚拟货币与知识付费。用户可直接用电子货币购买虚拟货币,还可以在平台上付费购买"大神"的信息作为平台创新盈利模式的增值点。④兑换制度。平台具有一定知名度后,可以与商家达成协议,商家给予平台较大优惠力度的优惠券以达到广告效果,而"校园王朝"平台则可以用虚拟货币兑换优惠券,与商家达到互惠互利的结果。

3. 管理运营

项目导入期(1~2 年)。服务导入市场,拓展市场容量,树立品牌形象,积累无形资产;加强有效宣传的力度,实现多样化、立体式宣传战略;初步打开大连校园市场,为以后开展省内外业务做准备;加大资金流通,为扩大平台规模做准备。

项目发展期(2~3 年)。继续开发大连各高校的市场,增加市场占有率,初步占领大连市校园市场;提升品牌形象,扩大平台影响力,增加无形资产;增加投入,扩大服务网络,吸收更多的大学生关注并加入;平台提供的服务基本成熟,重点开发宣传服务校园的新方式,拓展市场,形成优质低价的品牌印象;建立辽宁省和整个东北地区管理平台,同时扩大平台规模,增加平台影响力;调查、研究适合本平台和当前市场状况的活动策划;初步建立高效的管理、运营模式,提升管理水平。

项目中后期(3~5年)。精益求精,勇于创新,扩大平台规模,达到国内一流水平;大力发展在线服务模式,提高市场占有率;进一步加强宣传与营销,扩大影响力。

4.问题与解决措施

(1)市场推广风险

项目需要许多人力和资金在潜力市场进行推广。对用户的入驻、邀请技能达人的技能分享、资源的共享以及对增加用户平台的信任度都有一定的难度。因此,前期的推广需要大量的人力和物力。

解决措施:前期有针对性地进行宣传,注意利用新媒体的方式进行推广;后期利用项目前期形成的市场影响力来进行推广。

(2)投资风险管理

外部风险:市场上现有的平台对本项目平台的反应和市场行为;国内知识共享市场尚处较为空白的状态,可借鉴经验少;客户对于该平台的接受能力和反应不确定。内部风险:团队战略和营销战略的制定不符合实际情况;融资能力不能跟上团队发展形势,导致现金流紧张;客户资料保护不力,造成信息泄露;对于竞争对手策略的反应和处理水平不足。

解决措施:团队自筹资金为8 000元,预计可获学校创业资金扶持,并向银行贷款。由于"校园王朝"平台富有创新性和可行性,将吸引其他机构投资10 000元,此外,"校园王朝"平台打算引入风险投资入股,金额为6 000元,以利于筹资,化解风险。而在未来当"校园王朝"平台正式走上发展轨道时,也将邀请初期战略伙伴及其他机构,如学校及相关组织等入股,为以后扩大经营规模和降低经营风险等奠定基础。同时,用户向平台中充入的电子货币也作为自筹资金的一部分。

weteach——一个
大学生家教平台

(3)经营风险

信息风险的直接表现是网络欺诈,它不仅使厂商和消费者在经济上蒙受重大损失,更重要的是它可能会使人们对"校园王朝"平台这种新的形式失去信心。"校园王朝"平台的管理风险是指由交易流程管理、人员管理、交易技术管理的不完善所带来的风险。作为C2C平台,在自身组织发展到一定的规模时,很难对平台的线下服务的具体定价及服务质量进行有效的监督管理,并难以对消费者的体验形成有序的评估体系。

解决措施:培养完善的线下客服功能,重视服务消费者的体验过程,进行良好的售后客服协调工作;从源头遏制低质服务商进驻平台,线下推广部门把握好严格的入驻标准,并在接到投诉后严肃调查,清除低质服务商。

课后习题
和参考答案

参考文献

[1] 屈莉莉.电子商务经济学[M].北京:电子工业出版社,2015.

[2] 陈燕,屈莉莉.信息经济学[M].大连:东北财经大学出版社,2017.

[3] 孙细明,叶琼伟,朱湘晖,等.电子商务创业[M].北京:化学工业出版社,2015.

[4] 王雷.供应链金融:"互联网+"时代的大数据与投行思维[M].北京:电子工业出版社,2017.

[5] 胡华成,黄剑锋.社群思维:互联网时代的新创业法则[M].北京:电子工业出版社,2019.

[6] 杨波,王刊良.电子商务创新与创业案例[M].北京:中国人民大学出版社,2017.

[7] 王建华.互联网时代盈利模式[M].北京:企业管理出版社,2016.

[8] 郭俊峰.行者:微商创业者的修炼笔记[M].北京:机械工业出版社,2016.

[9] 俞华.我国微商新业态发展现状、趋势与对策[J].中国流通经济,2016,30(12):47-56.

[10] 郑丽苹.大学生创新创业团队管理工作的优化路径[J].企业改革与管理,2017(12):73-74.

[11] 段炼,许灿英.大学生众筹创业的风险防范研究[J].中国大学生就业,2018(12):39-44.

[12] 陈晓暾,曲俊燕.创业融资现状及对策探究[J].全国流通经济,2018(22):33-35.

[13] 王飞.大学生创业风险管理能力培育研究[J].教育发展研究,2016,36(Z1):35-41.

[14] 闫明宁,阮文.互联网下电子商务网络支付安全研究[J].计算机产品与流通,2019(01):42.

[15] 杨盼盼.电子商务中消费者隐私权的保护[J].商场现代化,2018(19):31-32.

[16] 黎密.基于淘宝店铺为例电子商务环境中的数据化运营[J].知识经济,2016(07):65.

[17] 张香兰,程培岩,史成安,等.大学生创新创业基础[M].北京:清华大学出版社,2018.

[18] 郑懿,熊晓曦.大学生创新创业基础(微课版)[M].北京:人民邮电出版社,2020.